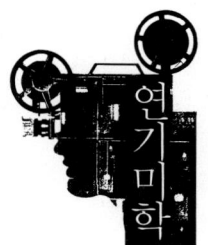

연기미학

2011년 2월 21일 초판 1쇄 인쇄
2011년 2월 28일 초판 1쇄 발행

지은이 | 박성봉

펴낸이 | 이성우
편집 | 김정현
본문디자인 | 이수경
마케팅 | 서선교 · 황혜영

펴낸곳 | 도서출판 일빛
등록번호 | 제10-1424호(1990년 4월 6일)
주소 | 121-837 서울시 마포구 서교동 339-4 가나빌딩 2층
전화 | 02) 3142-1703~5
팩스 | 02) 3142-1706
전자우편 | ilbit@naver.com

값 12,000원
ISBN 978-89-5645-153-4 (13680)

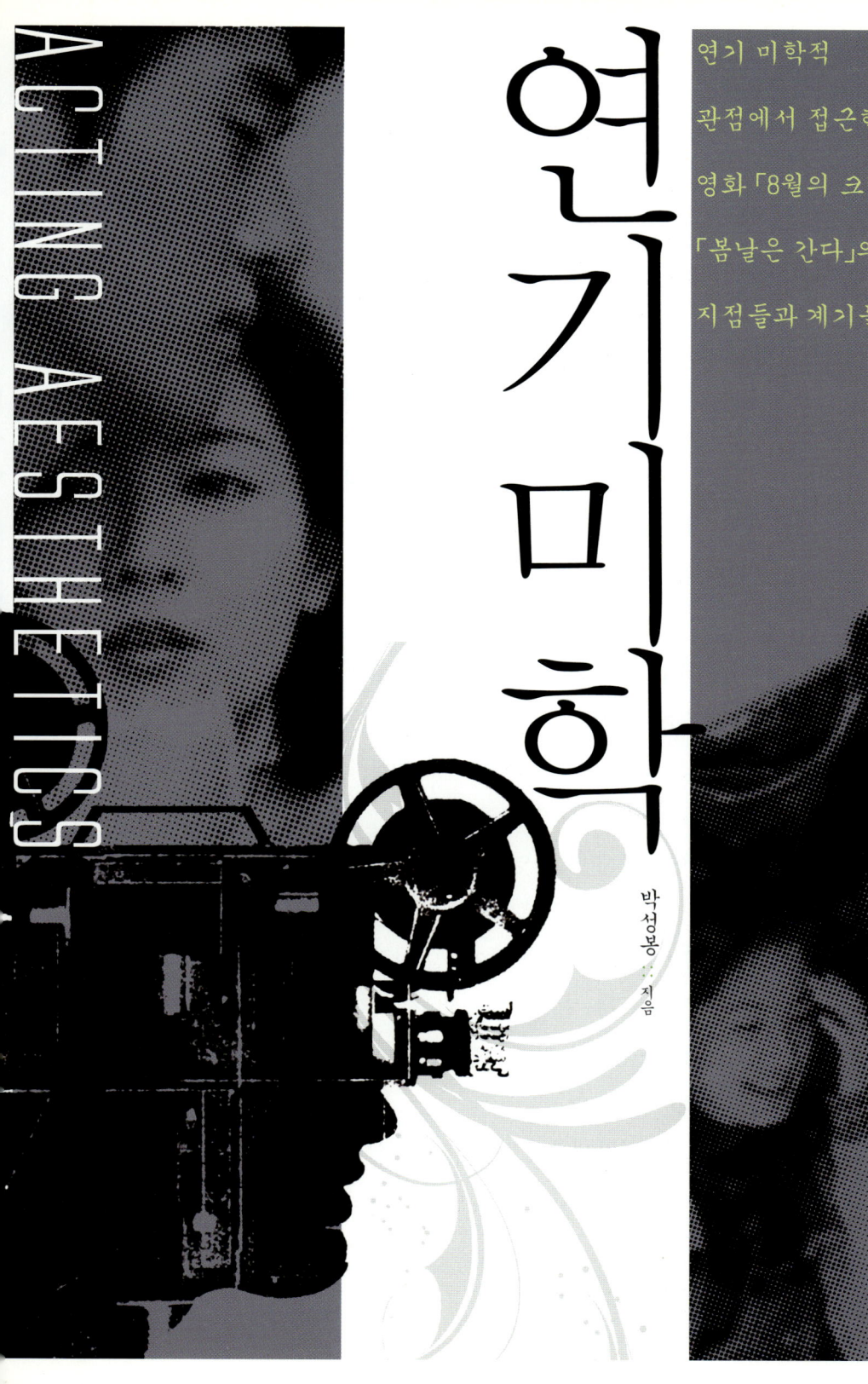

연기 미학

ACTING AESTHETICS

연기 미학적
관점에서 접근한
영화「8월의 크리스마스」와
「봄날은 간다」의
지점들과 계기들

박성봉 지음

일빛

글머리에

　　　　　　　　　너무 당연한 이야기지만 연기는 연극, 영화 또는 TV 드라마 등에서 핵심적인 역할을 담당해왔다. 따라서 하나의 고유한 예술 영역으로서 연기의 문화적 위상 또한 당연한 이야기일 것이다. 그러나 정말 그럴까?

　　연극의 역사에서 연기는 여전히 희곡이나 연출의 그늘에서 변방에 위치하고 있으며, 예술로서 영화를 다루는 책에서도 영화는 여전히 연기자의 예술이라기보다는 감독의 예술이다. TV 드라마에서도 연기자는 예술가라기보다는 연예인으로 분류되는 경향이 있으며, 액터 actor라기보다는 탤런트 talent라 불린다.

　　연극에서 조명이나 무대 미술, 영화에서 시나리오나 영화 음악, TV 드라마에서 대본이나 분장 등등 따지고 보면 하나의 고유한 예술 영역으로서 희곡이나 연출, 또는 감독 말고도 제 값어치를 인정받아 마땅한 영역들은 헤아릴 수 없지만 무엇보다도 연기는 대중성에서 직접적인 영향력으로 작용하는 만큼 하나의 고유한 예술 영역으로서 연기 미학의 중요성은 새삼 강조할 필요가 없을 것이다.

　　그러나 현실적으로 연기 미학은 300여 년 전 프랑스의 디드로 Denis Diderot나 100여 년 전 러시아의 스타니슬라프스키 Konstantin Sergeevic Stanislavsky 또는

50여 년 전 독일의 브레히트 Bertolt Brecht 정도에서 별로 여러 걸음 앞으로 나간 것 같지가 않다. 비평에 있어서도 아직 연기 비평은 연극이나 영화 비평의 변두리에서 지극히 제한된 비평 어휘만을 갖고 있을 뿐이다.

이런 사정을 배경으로 여기에서 필자는 허진호 감독의 초기 영화 「8월의 크리스마스」와 「봄날은 간다」 두 편에 대한 연기 미학적 접근을 시도한다. 같은 감독의 영화 두 편을 선택한 이유는 오로지 우연이다. 단지 이 두 편의 영화가 연기 미학적 관점에서 대단히 풍부한 지점들을 갖고 있기 때문이다.

이 책을 통해 필자는 하나의 고유한 예술 영역으로서 연기자를 꿈꾸는 젊은이들과 함께 좋은 연기란 무엇인가를 고민한다. 연기술을 다루는 교범적인 성격의 책은 아니다. 이 책이 연기 미학의 정립을 위한 일종의 영감으로서 작용해 주었으면 하는 바람과 함께 무엇보다도 이 책을 「8월의 크리스마스」와 「봄날은 간다」에 참여한 한석규, 심은하, 유지태, 이영애님을 비롯한 모든 연기자들에게 바친다. 직접 만나지는 못했지만 허진호감독에게도 진심으로 존경의 마음을 전한다. 일신창투와 싸이더스 FNH 관계자 여러분들께도 머리 숙여 큰 절을 올린다. 특히 일신창투의 안상진 상무님, 싸이더스 FNH의 최평호 대표님과 최선미 PD님, 감사합니다. 언제나처럼 일빛의 이성우 사장은 든든한 버팀목이었고, 가족들에게도 사랑과 감사한 마음을 보낸다. 일일이 이름을 거론할 수는 없지만 그동안 「8월의 크리스마스」와 「봄날은 간다」 수업에 성의를 다해 동참한 학생들이야말로 이 책의 공저자와 같다. 고맙다.

contents

연기 미학적으로 접근한
「봄날은 간다」의 지점과 계기들

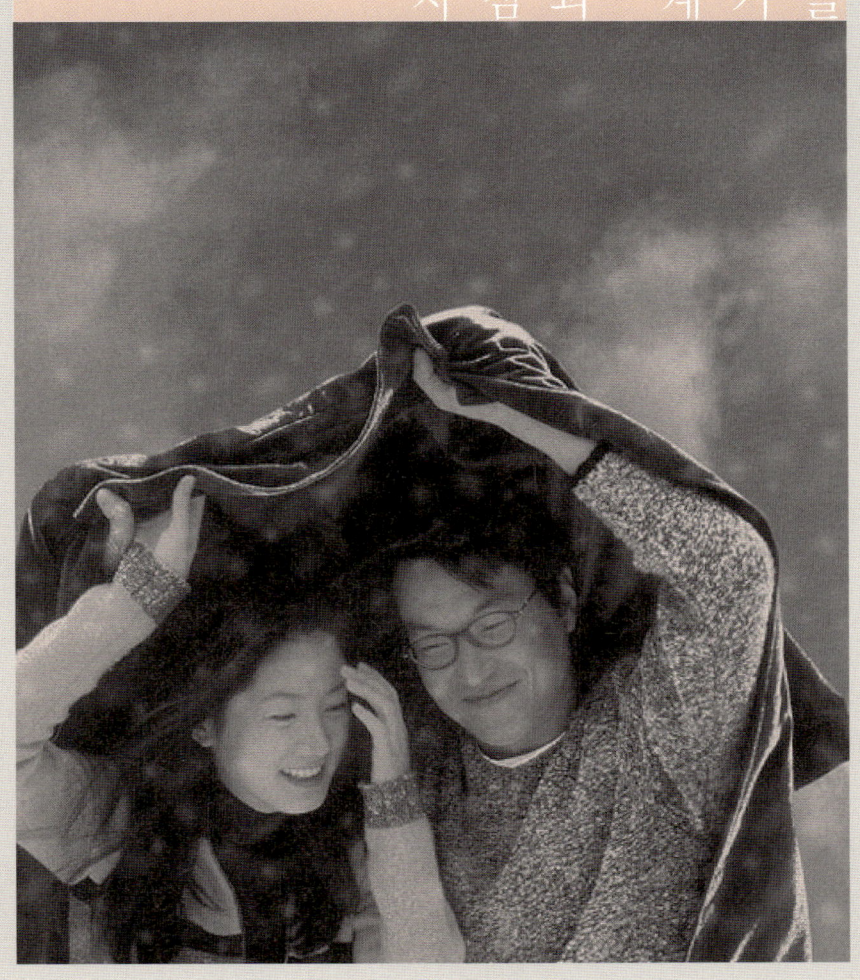

연기 미학적으로 접근한
「8월의 크리스마스」의
지 점 과   계 기 들

1. 들어가며

　　　　　　　　　영화 「8월의 크리스마스」는 98년 1월에 개봉된 허진호 감독의 데뷔 작품이다. 비슷한 시기에 개봉된 「접속」, 「편지」, 그리고 그 뒤를 이은 「약속」 등의 영화들과 함께 한국 멜로 영화의 새바람을 주도한 영화로 자리매김 되곤 한다. 흥행에도 어느 정도 성공한 것 같고, 비평가들의 반응도 비교적 긍정적이었다. 물론 '괜찮은 멜로물' 정도였지, "우와! 이 영화 굉장한데!" 뭐, 이런 정도는 아니었다. 비교적 최근에 「8월의 크리스마스」가 비평적으로 재평가되는 경향도 보인다. 케이블 TV 영화 채널 등에서 한국인의 100대 영화로 꼽히기도 하고, 외국의 한국 영화 상영회에 현대 한국 영화 중 주목할 만한 작품으로 소개되기도 한다. 필자는 틈날 때마다 「8월의 크리스마스」를 좋다고 극찬해왔다. 대학에서 수업 때마다, 또는 그 밖의 강연에서도 언제나 거론하고 있다. 논문도 한 편 썼는데, 2006년에 나온 「대중예술과 미학」이라는 책속에 실려 있다.

　　여기에서 필자는 「8월의 크리스마스」를 연기 미학적 관점에서 세밀하게 다룬다. 연기 미학적 관점이라 하면 관객의 감성에 재미나 감동으로 작용하는 미학적 힘의 근거로 연기를 관심의 중심에 놓고 접근한다는 뜻이다. 미학적 힘을 물리학적 힘처럼 측정할 수는 없지만 일단 체험으로 경험하게 되면 그 힘의 근거를 손가락으로 가리킬 수도 있는데, 실제로 필자가 「8월의 크리스마스」를 높이 평가한 이유 중의 하나가 이 영화에서 연기자들의 '상세감각sense of details'이 돋보이기 때문이었다. 연기 미학적 관점에서 상세감각이라 하면 그냥 스쳐지나갈 법한 작은 것까지 섬세한 감수성으로 연기한다는 뜻이다.

'상세감각'은 로저 스크러튼Roger Scruton의 『건축 미학The Aesthetics of Architecture』이라는 책 속에 나오는 개념이다. 스크러튼은 모더니즘 건축이 소홀히 취급한 장식의 중요성을 강조하기 위해 '상세감각'이라는 표현을 사용했는데, 이 책을 처음 접했을 때 필자는 '상세감각'이 건축뿐만 아니라 예술 전반에 걸쳐 흥미롭게 적용될 수 있는 개념이라 생각했다. 언젠가 영화를 밥상에 비유하면서 필자는 '작은 새우젓 종지'라는 표현을 사용한 적이 있다. 그렇다면 「8월의 크리스마스」는 특히 연기라는 관점에서 스크린이라는 밥상 구석구석 작은 종지에 담긴 맛깔스런 반찬들로 가득한 영화이다. 작은 종지에 담긴 맛깔스런 반찬들 ― 그것이 상세감각이다.

연기 미학적 관점에서 「8월의 크리스마스」에는 또 다른 핵심적인 미덕이 있다. 「8월의 크리스마스」에 출연하는 모든 연기자들은 그냥 스쳐가는 단역에 이르기까지 거의 쉴 새 없이 아주 작은 부분까지 놓치지 않고 주소가 분명한 연기를 하고 있다. 자신의 역할을 명확하게 손에 쥔 채로 작품의 커다란 주제를 시야에서 놓치지 않고 제 주소로 찾아가는 연기 ― 이것이 주소가 분명한 연기의 미학적 미덕이다. 언제였든가 미술에서 「평면회화의 주소찾기 전」이라는 전시회도 있었지만, 한 마디로 이야기해서 「8월의 크리스마스」는 주소 있는 연기의 교과서 같은 영화라 할 수 있다. 연기자 한석규(정원)와 심은하(다림)를 중심으로 상세감각에 의한 섬세한 연기들이 생명과 죽음이라는 하나의 커다란 주제에 일관되게 작용하는 연기 미학적 맥락에서 최고의 작품 중 하나 ― 그것이 「8월의 크리스마스」이다. 감독, 촬영, 음악, 소품 등 모든 것이 연기를 중심으로 주제의 핵심을 놓치지 않는다. 다시 말해 연기적 측면에서 영화의 모든 지점들이 저마다 주제를 위한 하나의 계기를 이룬다.

이 책에서 필자는 질문을 통해 독자들이 영화의 그 모든 지점들에서 잠시 멈춰서기를 바란다. 그러니까 독자들은 먼저 영화를 가능한 한 여러 번 보고나서 필자의 질문에 대답을 하면 좋다. 그리고 필자의 대답과 비교해볼 수 있다. 정답은 없다. 친한 친구들과 영화보고 나서 나누는 '즐거움의 대화communication-pleasure' 정도로 보면 어떨까.

「8월의 크리스마스」를 몇 년 전에 일본에서 리메이크를 했다. 사실 지금까지 대체로 무엇인가 일본에서 만들면 우리가 그것을 리메이크하곤 했는데, 거의 언제나 오리지널과 비교할 때 짝퉁 수준의 리메이크라 할 수 있었다. 그런데 우리의 「8월의 크리스마스」를 일본에서 리메이크한 것이다. 그리고 그 결과는 상세감각이 사라진 오리지널과 리메이크의 전형적인 경우라 할 수 있다.

일본 리메이크의 감독 나가사키 준이치長崎俊一가 전주영화제를 방문했을 때 한 인터뷰에서 "원작에선 죽음을 공포스런 상황으로 본다. 반면에 난 생사를 바라보는 시선을 좀 더 부드럽게 가져가고 싶었다"라고 말한 적이 있다. 물론 본인은 그렇게 생각할 수 있다. 그러나 그가 그 정도에서 원작을 파악하고 리메이크를 시도했다면 '생사를 바라보는 부드러운 시선'에 대한 그의 시야를 대략 짐작할 수 있다. 오리지널이든 리메이크이든 전체적으로 「8월의 크리스마스」를 멜로로 보는 시각이 지배적인데, 문제는 '멜로'가 아니라 '어떤' 멜로인가에 있다. 과연 오리지널 「8월의 크리스마스」는 죽음을 공포스런 상황으로 본 멜로였던가? 이 문제에 연기 미학은 하나의 흥미로운 단서를 제공한다. 이런 의미에서 이 책은 연기 미학적 관점에서 작품 전체를 이해하는 계기가 될 만한 지점들에 상세감각적으로 접근한 연기 비평이라고도 할 수 있다. 글의 구성은 「8월의 크리스마스」의 장면 장면을 연기적 측면에서 시간 순으로 분석하는 방식이다. 필요한 장면에서는 일본 리메이크와의 비교를 시도했다.

2. 연기 미학적 관점에서 접근한 영화
「8월의 크리스마스」의 지점들과 계기들

1)영화의 시작과 더불어 등장하는 정원의 표정이 영화의 제목 「8월
의 크리스마스」에 대해 말해주는 몇 가지 것

영화는 그냥 연기자 한석규의 모습과 함께 조용하게 시작한다. 한석규는
극 중에서 사진관을 하는 정원이라는 인물이다. 나이는 30대 초반에서 중반
(?), 화면 한 복판에서 밝은 베이지 빛 셔츠에 빨간 스쿠터를 타고 어디론가
간다…… 라기보다는 관객 쪽을 향해 그냥 어떤 표정을 지으며 스쿠터를 타
고 온다. 핵심은 관객에게 통째로 드러난 정원의 표정이다. 그것은 어떤 표
정인가? 뭐 특별히 주목할 만한 표정은 아니다. 거의 심심한 표정이다. 연기
자로서 한석규가 연기하는 데 별 다른 어려움은 없어 보인다. 그냥 스쿠터
에 앉아 담담 미묘한 표정을 짓고 있으면 되는 듯싶다…… 만은 사실 그렇
지 않다. 필자 생각에 이건 지독히 어려운 표정이고, 한석규가 그 표정을 완
벽하게 연기하기란 거의 불가능하다. 문제는 그 표정의 배경인데, 연기자로
서 한석규는 적어도 그 표정의 배경을 이해하고는 있어야 한다. 필자는 한
석규가 그랬으리라고 생각한다.

이 영화의 시작에서 정원이 30초 남짓 관객 쪽을 향해 얼굴을 드러낼 때
사실 정원은 관객들에게 어떤 말을 건네고 있는 중이다. 물론 아무런 대사
는 없지만 말이다. 그렇게 귀로는 들을 수 없는 말을 건넨 후에, 스쿠터를 타

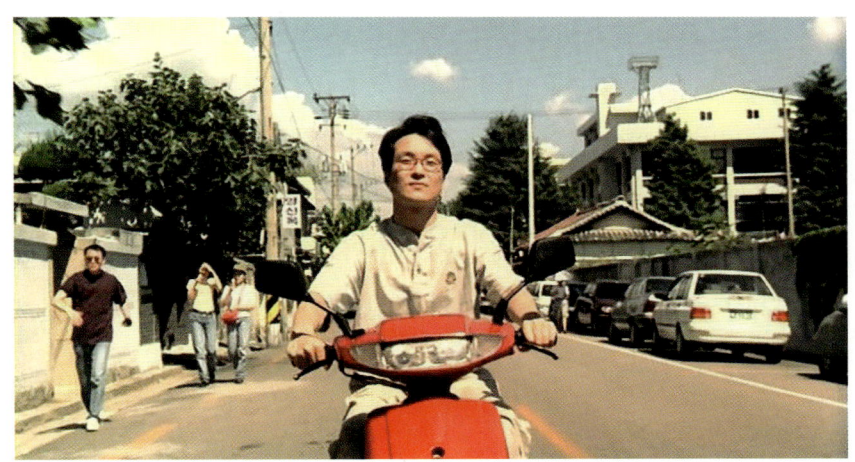

고 오는 정원의 모습이 사라지며 영화의 제목이 뜬다. 「8월의 크리스마스」. 그러니까 정원의 표정은 관객에게 왜 영화의 제목이 「8월의 크리스마스」인지를 암시한다. 잔잔한 배경 음악과 함께 정원이 건네는 말이 들리는가?

영화를 처음 보기 시작한 관객이 눈치 채기는 어렵겠지만 사실 영화는 이 부분에서 약간의 시간상의 도치가 있다. 스쿠터를 탄 정원의 모습이 영화 제목과 함께 희미한 아침빛에 눈을 뜨는 정원의 모습으로 넘어가는 것이다. 이제 일어나서 세수하고 스쿠터를 타고 가는 것이 제대로 된 시간의 흐름이다. 이 약간의 도치가 정원이 짓는 담담 미묘한 표정을 이해하는 중요한 단서를 제공한다. 한 마디로 희미한 아침빛에 피곤한 모습으로 눈을 뜨는 정원과 함께 영화를 시작하고 싶지 않은 것이다. 이 시간의 도치는 관객이 그것을 알아채주기를 기대하는 수사학이다.

정원은 몸이 아프다. 희미한 아침빛과 이웃 초등학교의 시끄러운 소음에 눈을 뜨는 한석규가 한 연기가 이것이다. 병원 시간은 미리 예약해 놓은 것일 수도 있고, 지금 일어나서 얼른 세수하고 병원에 가보아야겠구나 생각할 수도 있다. 그러니까 정원이 빨간 스쿠터를 타고 가는 곳은 병원…… 이라 기보다는 사실은 죽음이다. 그렇게 정원의 몸은 많이 아프다. 앞으로 반년 남짓한 시간만이 남아 있을 뿐이다. 물론 정원은 아직 그렇게까지는 모르고 있지만, 정원뿐만 아니라 우리 모두는 빠르건 늦건 그렇게 죽음을 향해 간 다. 이것이 영화의 시작 부분에서 정원이 우리에게 건네는 대사 없는 대사 이다. 사실 한석규의 독특한 목소리로 내레이션 을 깔아도 큰 무리는 없지 않을까 생각한다.

"안녕하세요? 정원입니다. 나는 이제 곧 죽습니다. 당신은 어떠십니까?"

그렇게 몸이 아파 병원에 가는 정원의 표정이 그렇게 담담 미묘한 것은 그 것이 이 영화의 핵심적인 주제이기 때문이다. 결국 이 영화의 주제를 한 마 디로 하자면 그것은 '생명으로 껴안는 죽음'이다. 수행자라기보다는 연기 자인 한석규가 이 주제를 몸으로 증득하기는 어려웠겠지만 그래도 머리로 나마 이해했음에는 틀림없다. 이 주제는 다분히 종교적인 것으로 그래서 이 영화의 제목에 '크리스마스'가 들어간다. 심지어 이 주제는 "나는 것도 없 고, 죽는 것도 없다"는 불교의 '불생불멸不生不滅'까지도 포함한다. 그러니까 「8월의 크리스마스」는 영화가 시작하자마자 한 마디 대사도 없이 연기자의 표정만으로 영화의, 그것도 불생불멸이라는 엄청난 주제를 관객에게 전하 는 극단적인 두괄식의 수사학을 구사한 영화라 할 수 있다.

정원이 일어날 때 이웃 초등학교에서 여름방학이 시작하는 방학식 준비 하는 마이크 소리가 시끄럽게 울린다. 이제 곧 8월이 올것이고 정원은 다림 이라는 여자를 말날것이다. 영화 제목의 8월은 그렇게 단서가 잡힌다. 영화 앞부분에 정원의 식구들이 모여 함께 식사하는 장면이 나온다. 어쩌면 그 날이 정원의 생일일지도 모른다. 그 전에 정원이 만난 다림이라는 여자가 정원의 생일이 8월이 아니냐고 묻는 장면이 나오는 데서 비롯한 짐작이다. 다림을 만나 한 한달쯤 지난 시점을 생각하면 혹시 8월 25일? 물론 24일이나 25일은 크리스마스를 연상시킬 수 있다. 크리스마스는 예수의 탄생이고, 정원 나이 또래의 예수는 십자가에 못 박혀 돌아가시고 다시 부활하신다. 뜬금없이 정원이 예수라는 이야기가 아니라 예수의 삶에 대한 아무런 이해 없이 제목에 '크리스마스'를 붙일 수는 없을 거라는 이야기이다. 그것이 무엇인가? 연기자 한석규는 예수의 어떤 측면을 자신의 역할에 가져오려 하는가?

예수의 말씀 중에 "누가 너희 오른 뺨을 치거든 왼뺨도 내밀어라"는 많은 이들이 알고는 있으되, 현실에서는 어렵지라고 생각한다. 그러나 연기자로서 한번 도전해 볼만한 역할이 아닌가. 모든 것을 포용할 수 있을 만큼 착한 사람, 그만큼 남을 배려하는 사람, 자신의 죽음까지도 생명으로 껴안을 수 있는 사람, 그리고 그것을 현실적으로 설득력 있게 표현해 본다는 것, 연기자 한석규에게 「8월의 크리스마스」는 바로 그 기회다.

문제는 예수의 죽음과 부활의 의미인데, 그것이 「8월의 크리스마스」에서는 착함과 타인에 대한 배려로 주제화되어 있다. 우리는 몸의 고통 속에서도 정원처럼 담담 미묘한 표정으로 자신의 죽음을 향해 빨간 스쿠터를 몰고 갈 수 있는가. 여기에서 영화 첫 부분의 배경을 이루는 빨간 스쿠터와 환한 햇빛과 신선한 푸르름은 생명이다. 그렇다면 정원의 담담 미묘한 표정은 실인즉, 죽음을 생명으로 껴안은 사람이 지을 수 있는 밝고 편안한 표정이 아닌가.

이 햇빛과 푸르름을 유영길 촬영 감독이 눈부시게 잡아냈다. 이 영화는 그의 유작이다. 스쿠터를 타고 다가오는 정원의 밝고 편안한 표정에서 관객은 유영길 촬영 감독의 얼굴을 볼 수 있다. 영화는 "이 영화를 유영길 촬영

감독님 영전에 바칩니다"라는 자막과 함께 시작한다.

미얀마의 스님 중에 우 조티카Sayadaw U Jotika라는 스님의 「여름에 내린 눈 Snow in the summer」이란 책이 있다. Christmas in August와 Snow in the Summer. 그러니까 8월의 크리스마스는 여름에 내린 눈인 셈이다. 물론 여름에 눈이 내리는 곳이 있다. 그것도 한두 군데가 아니다. 바로 지구의 반쪽, 남반구. 북반구에 사는 우리들에게 크리스마스는 당연히 겨울이지만 남반구에서는 당연히 여름이다. 결국 삶과 죽음도 이렇게 우리가 만들어 놓은 우리의 관념이다.

착함으로 자기라는 울타리를 벗어나 타인을 배려할 때 우리는 삶과 죽음이라는 일상적 관념 너머 삶이 곧 죽음이고, 죽음이 곧 삶인 빛과 생명의 깨달음의 장으로 간다. 이런 맥락에서 연기자 한석규는 「8월의 크리스마스」 첫 장면에서 불생불멸의 득도의 표정을 연기해야 한다. 이것은 물론 현실에서 불생불멸을 깨닫지 못한 연기자에게는 불가능한 일이겠지만, 일단은 그렇게 작품의 주제를 파악하는 일이 중요하다. 나머지는 햇빛과 푸르름이 역할을 맡아줄 수 있다. 뿐만 아니라 여전히 '착함'과 '배려'라는 현실적으로 도전해볼 만한 역할이 남아 있다.

병원으로 가는 길에 정원은 아까 시끄러운 소리로 자기를 깨우던 초등학교 앞을 지난다. 정원은 잠깐 스쿠터를 멈춘다. 방학식은 끝나가고 정원은 병원 갔다오는 길에 학교에 들러봐야겠다라고 생각한다. 자신이 다니던 학교였던 것 같고, 그렇다면 이 동네는 정원이 오래 살던 동네에 틀림없다. 그렇게 한석규는 편안하게 연기한다.

2) 병원에서 자신의 차례를 기다리는 중에 앞에 앉은 아이와 장난하는 정원

병원에 도착한 정원은 역시 담담하게 자신의 차례를 기다린다. 정원이 앉아 있는 맞은 편 의자에 어린 남자아이가 링거를 맞으며 환자복을 입고 앉아 있다. 갑자기 정원은 그 아이와 표정으로 장난을 친다. 혀도 날름거리고 우스꽝스러운 표정도 짓는다. 기다리는 시간이 지루해서 그런가? 아니면 정원 자신이 장난꾸러기라서 그런가?

이럴 수도 있고 저럴 수도 있고, 아니면 그 모든 것 다일 수도 있겠지만 이런 것이 지점이다. 다시 말해 이 지점을 통해 관객은 정원 내면의 어떤 측면을 이해할 수 있는데, 그때 지점이 계기가 된다. 자칫 아이의 부모를 불쾌하

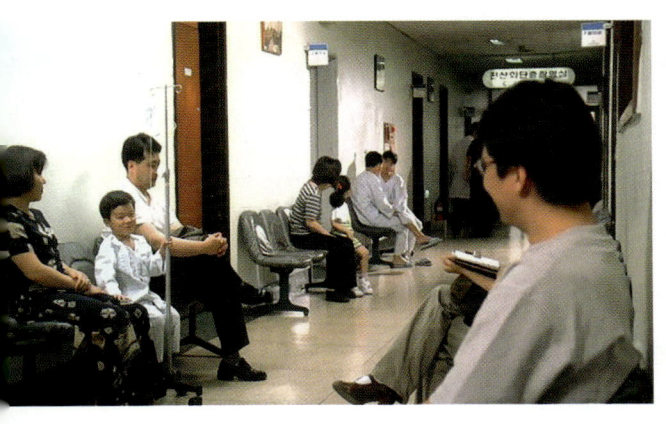

게도 할 수 있는 정원의 아이에 대한 접근이지만 아이는 정원의 장난을 순수하게 받아들인다. 함께 혀를 날름거린다. 그렇게 아이는 자신에 대한 정원의 호의를 직접적으로 이해한다. 이 모든 것이 정원에게 허술한 환자복에 링거까지 꽂고 있는 그 아이가 짠해 보이기 때문이다. 자신의 몸도 버거울 정도로 아프면서 말이다. 그렇다면 정원의 성품이 어떻다는 이야기인가?

그렇다. 정원은 그만큼 마음이 맑고 착하다. 이 장면이 시작할 때 한석규 연기의 핵심은 아주 짧은 순간 짓는 연민의 표정이다. 사랑이라 해도 좋고, 자비라 해도 좋다. 그러니까 이 순간 정원은 예수일 수도, 부처일 수도 있다.

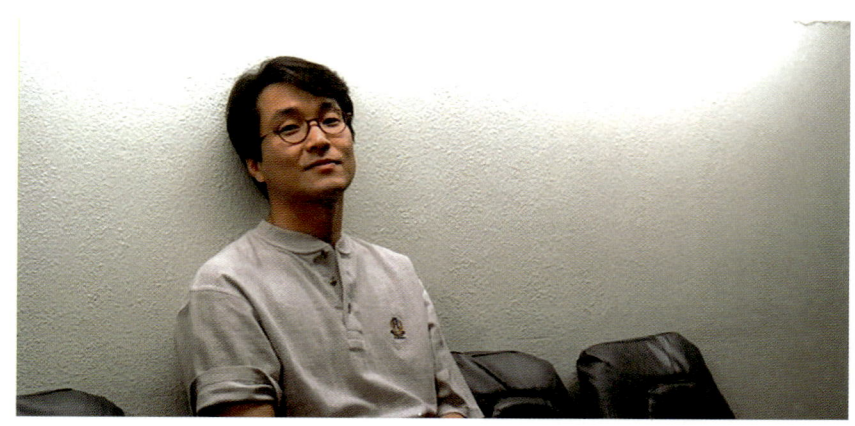

물론 그 아이 또한 그런 마음이 들만큼 생김새가 어딘지 허전하고 섭섭하면 좋은데, 임창정의 느낌이 나는 아이의 캐스팅이 절묘하다.

일본 리메이크와 비교해볼까. 일본 리메이크는 영화 전체가 이 장면에서 시작한다. 그러니까 이 장면에 내포되어 있는 착한 남자로서의 정원을 보여 주려는 의도라 할 수 있다. 일본 리메이크에서 정원의 이름은 스즈키 히사토시鈴木壽俊다. 그런데 아이와 장난하는 히사토시의 표정은 그야말로 가볍다. 거의 엽기라 할까, 콧구멍에 손가락을 꼽고 하는 것이 좋게 말해 좀 비일상적이다. 특히 아이의 부모 입장에서 보면 그럴 텐데 영화에선 아이보다도 부모가 더 좋아하긴 한다. 이 장면에서 정원의 표정은 가벼워서도 안 되고, 그렇다고 드러나게 측은한 것도 별로 바람직하지 않다. 자신의 몸도 아픈 정원이 그 아이를 어미닭이 병아리를 품어 주듯 그렇게 바라봐주면 좋다. 이것이 바로 한석규의 절제된 연기가 거둬낸 성과이다.

일본 리메이크에서는 아이 또한 너무 단정하게 생겼다. 아이의 옷도 너무 단정하다. 단정한 아이옷 대신에 대신에 어딘지 품이 크고 허술한 듯싶은 환자복이 이 장면에서는 더 적절할 것이다. 비록 이 아이는 이 한 장면에서

만 등장하지만, 아무래도 이것은 장면의 핵심을 놓친 캐스팅이다. 더구나 이것이 영화의 시작 장면이니 이미 첫 장면에서부터 일본 리메이크가 파악하고 있는 시나리오 주제의 수준을 짐작할 수 있다.

예수의 말씀 중에 "천국의 주인공은 어린아이와 같다." 역시 널리 알려져 있다. 이것이 일본 리메이크에서 파악한 '크리스마스'의 의미인지도 모른다. 그러나 영화 내내 히사토시의 어린 아이적 측면은 아무래도 개념 이전의 청정심으로서 순수함이라기보다는 장난꾸러기로서 동심적 성격이 강하다.

3)초등학교 교정에서 철봉을 하다 앉아 있는 정원 옆에서 노는 아이들

앞 장면에서 스쿠터를 타고 병원에 가던 길에 개학식이 끝나가는 초등학교를 스치면서 정원은 스쿠터를 잠시 멈춘다. 옛 생각이 스쳤을 것이다. 그래서 병원에서 나와 집으로 가는 길에 초등학교에 들른다. 물론 자신이 다니던 학교 교정이다. 그리고 어린 시절 엄마가 돌아가신 이야기 그리고 어린 시절부터 항상 죽음을 의식하고 살아온 이야기를 나레이션으로 관객에

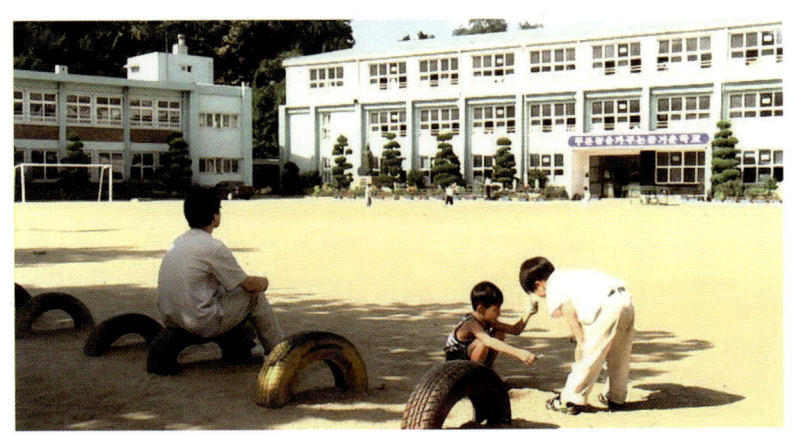

게 들려준다.

　나레이션이 흐를 때 교정의 운동장 옆 나무그늘에 앉아 있는 정원의 뒷모습이 비스듬한 각도에서 잡힌다. 연기자로서 한석규는 그냥 아무 생각 없이 앉아 있을 수도 있지만, 사실은 치열한 연기를 하고 있다. 그것은 무엇인가? 정원의 뒷모습에는 이미 자신의 죽음을 의식하는 그림자가 드리워져 있다. 그러나 그 그림자는 온통 까만 그림자가 아니다. 삶의 고통을 껴안고 생명으로 죽음을 껴안는 하얀 그림자이다. 그래서 정원이 앉아 있는 옆에서 어린아이 둘이 편안하게 놀고 있다. 죽어가는 정원의 곁에서 아이들은 그렇게 편안하다.

　사실 어떤 의미에서 태어남도 없고 죽음도 없다. 우주는 그렇게 오로지 생명으로 충만하다. 정원이 교정에 들어와 먼저 한 일이 철봉에 거꾸로 매달리는 놀이였다. 왜 정원은 그네나 미끄럼틀에서 놀지 않고 철봉에 매달리는가? 삶에 매달리고 싶었을까? 좀 더 육체를 단련하

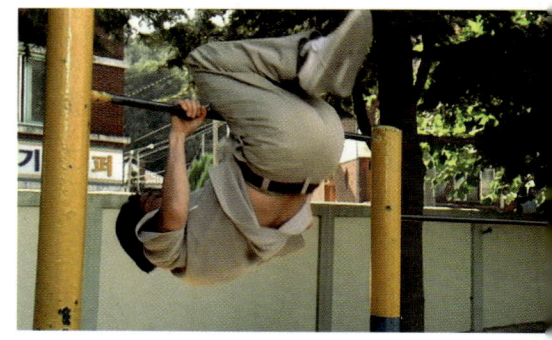

고 싶었을까? 글쎄…… 물구나무서기가 그렇듯이 이렇게 정원은 철봉에 거꾸로 매달리 듯 삶에서 죽음을 보고 죽음에서 삶을 본다.

　일본 리메이크에서는 병원에서 의사를 만나는 장면이 바로 나온다. 그리고 그 자리에서 히사토시는 회복 여부가 불투명한 병의 진단을 받는다. 때는 겨울이고 정원은 눈이 내리는 언덕에 앉아 자신이 사는 동네를 내려다본다. 저녁 무렵 불이 켜지기 시작하는 동네의 겨울과 하얀 눈은 흐릿하고 침침하다. 한 착한 남자가 생명으로 죽음을 껴안는 이야기인 「8월의 크리스마

스」가 밝고 여여如如하게 시작하는 반면, 장난끼가 많은 한 남자가 시한부일지도 모르는 치명적인 병을 선고 받으면서 시작하는 일본 영화는 이렇게 전체적으로 어둡고 무거운 느낌이다.

물론 시간은 순식간에 흘러 8월이 되고 히사토시의 동네에 찾아온 여름으로 다음 장면이 넘어간다. 오리지널에서는 이 장면이 왜 영화 제목이 「8월의 크리스마스」인지를 말해주는 파격적인 시작인데, 일본 리메이크에서 히사토시는 그냥 평범하게 스쿠터를 타고 사진관으로 출근한다. 영화 제목 「8월의 크리스마스」가 자막으로 뜨기는 하지만, 그 제목에 대한 어떠한 연기미학적 단서도 없다.

4)사진이 맘에 들지 않는 손님의 사진을 다시 찍어주는 정원

정원은 '초원 사진관' 주인이다. 서울의 변두리쯤으로 보이는데, 아버지가 하시던 사진관을 물려받았을까? 대학은 나왔을까? 혹시 대학에서 사진을 전공하고 사진작가의 꿈을 갖고 있지는 않을까? 어쨌든 정원의 일상은 평범한 사진관 주인의 삶이다. 하지만 손님을 대하는 그의 태도는 평범하지 않다. 사진을 찾으러 온 손님이 자신의 사진을 탐탁치 않아하면 다시 찍어줄 정도이다. 그렇게 착하다. 연기자 한석규는 계속 착한 표정만 지으면 된다. 과연 그런가? 여기에서 착한 표정의 배경은 무엇인가?

사진이 맘에 들지 않는 여자 손님은 실인즉, 자신의 얼굴이 맘에 들지 않는다. 특히 자신의 동그란 얼굴형이 맘에 들지 않아 머리로 얼굴에 각을 세워보려 애쓴다. 증명사진을 찍는 정원은 그러면 안 되니까 자꾸 가서 머리를 옆으로 단정히 치워주려 한다. 몇 차례 이렇게 싱갱이를 한다. 그리고 단

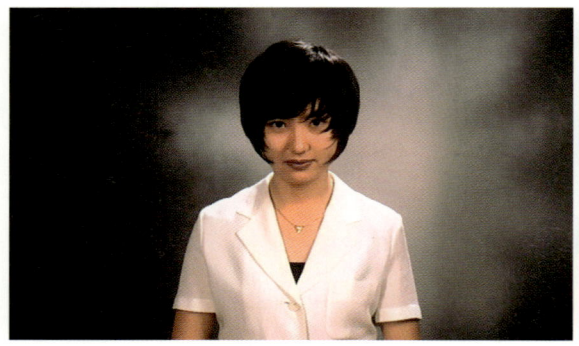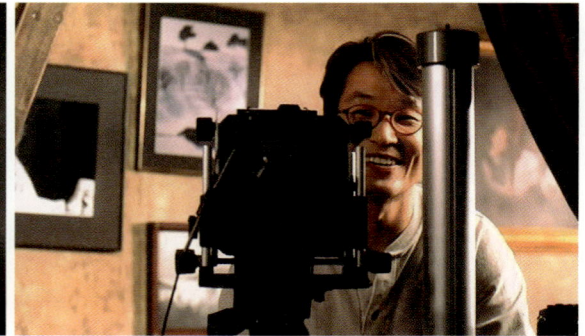

넘하듯 착하게 웃는다. 그렇게 머리로 얼굴의 각을 세운 채 사진관의 카메
라를 어딘지 만족스러운 기색과 함께 새초롬히 바라보는 손님은 사실은 바
로 우리들이다. 주민등록증에 찍힌 자신의 사진을 볼 때마다 느끼는 자신에
대한 집착으로서 에고덩어리. 손님은 그렇게 바로 관객을 직시한다. "내가
바로 여러분들이랍니다."

　정원의 착한 웃음에는 그러한 아상我相이 없다. 이것이 한석규 연기의 핵
심이다. "나는 이렇게 착하고, 나는 이렇게 잘났어요"라는 아상이 없는 웃
음. 이해와 연민의 웃음. 적어도 한석규는 그 방향을 잡아 가고 있다. 주소
가 있는 연기. 그래서 정원의 이름이 '정원'이며, 사진관의 이름이 '초원'이
다. 쉬어가는 곳. 오래 된 정원에 놓인 빈 의자 같은 이미지.

　일본 리메이크에는 이 장면 대신 정원에게 여자 친구를 소개시켜 주려고
찾아온 친구가 등장한다. 여기에서 증명 사진은 단지 구실일 뿐이다. 친구
의 제안을 거절하는 정원을 통해 관객은 이제 곧 정원이 어떤 여자를 만날
거라는 암시를 받는다. 일상적인 감정을 표출하는 정원의 성품 또한 쉽게
드러난다. 정원의 일본 이름은 히사토시인데, 이것은 무슨 뜻인가? 너무 빨
리 찾아온 죽음에 대한 반어법인가? 그렇다면 죽음을 배경으로 한 안타까운

사랑이야기라는 멜로 쪽으로 일본 리메이크가 잡은 방향을 대체로 짐작할
수 있다.

5)친구 아버님의 장례식에 간 정원

친구로부터 정원에게 걸려온 전화. 누군가의 죽음. 정원은 화장터에 간
다. 육체적으로 몸이 많이 힘들다. 땀을 닦는 손수건이 손에서 떠나지 않는
다. 정원은 그늘에 앉아 땀을 닦는다. 유족 중 누군가가 외친다. "산 사람은
먹어야지요. 자, 식사하러 갑시다." 사람들이 마지못해 식당으로 이동하고
의기소침해 보이던 소녀가 일어나며 버드나무 잎을 손으로 딴다. 정원도 힘
겹게 '끙'하고 일어나는데, 그의 육체에는 버드나무 잎처럼 싱그러움과 연
약함의 섬세한 조화가 있다. 영화의 뒷부분에서 잠깐 나오는데 정원의 성이
유이다. 유정원. 버드나무 '유柳'자?

정원이 움직이고 나자 한 아이가 활기차게 뛰어간다. 다시 정원에게 드리

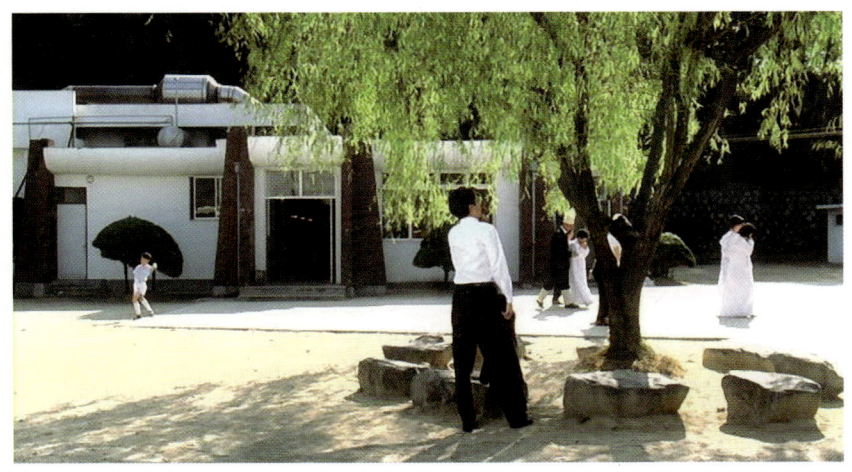

위진 죽음. 그러나 너무나 평범하고 일상적인 삶 속에서의 죽음. 단지 육체적으로 어쩔 수 없는 버거움. 평상심으로서 죽음은 과연 가능할까? 연기자 한석규는 죽음으로 다가가는 정원의 조심스럽고 미묘한 걸음걸이를 연기한다.

일본 리메이크에서 화장터의 분위기는 침통하다. 불길 속으로 들어가는 관의 모습도 보인다. 인간 육체의 무상함과 다가오는 자신의 죽음을 느끼고 있는 히사토시 내면의 불안감도 비교적 분명하게 느껴진다.

6)다림과 정원의 첫 만남

장례식에 가느라 정원이 사진관을 비운 사이 주차 단속원 다림이 제복 차림으로 등장한다. 연기자 심은하가 나이 스물 남짓의 다림의 역할을 연기한다. 주차 위반 차량의 사진을 찍어 현상하러 온 모양인데, 초원사진관에는 처음인 듯싶다. 문이 잠겨 있어 당황하지만 무슨 까닭에 사진관에 걸려 있는 사진 한 장을 유심히 바라본다. 그 사진은 정원의 누이동생과 그녀의 친구, 정원의 첫사랑이었던 지원의 흑백 사진. 다림은 왜 그 사진에 관심을 보이는 걸까? 고달픈 주차 단속원이라는 사회인의 제복 대신 순수했던 시절의 고등학교 교복에 대한 그리움? 이제 그 사진이 치워지고 그 자리에 자신의 사진이 걸릴 거라는 인연에 대한 어떤 예감? 무언가 현실과 예감이 엇갈리는 묘한 표정이 필요한 지점이다. 연기자 심은하는 자신의 역할을 손에 쥐고 있다.

사진관에 걸린 사진을 바라보는 다림이 유리창에 비춰진 모습으로 보여질 때 피곤한 모습의 정원 역시 유리창에 제 모습을 드러낸다. 이렇게 두 사람은 유리창에 비춰진 모습으로 처음 만난다. 이 영화에서 유리창은 중요한 은유의 수사학으로서 작용한다. 다림이 유리창을 두드리며 "나 들어가도 돼요?" 라고 물을 때나, 다림이 돌을 던져 그 유리창을 깰 때나, 또는 정원이 마지막으로 커피숍 유리창 너머 다림을 조심스럽게 느낄 때나 말이다.

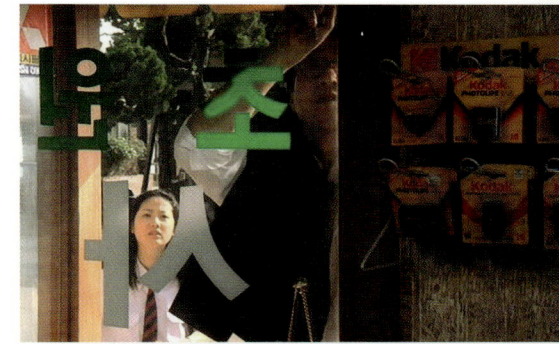

정원은 다림을 거의 의식하지 못한 채 문에 걸린 자물쇠에 열쇠를 돌려 문을 연다. 사실 정원은 지금 몸이 너무 힘들어 자물쇠도 간신히 열고 있는 중이다. 자물쇠가 잘 열리지도 않는다. 그래서 정원은 속으로 생각한다.

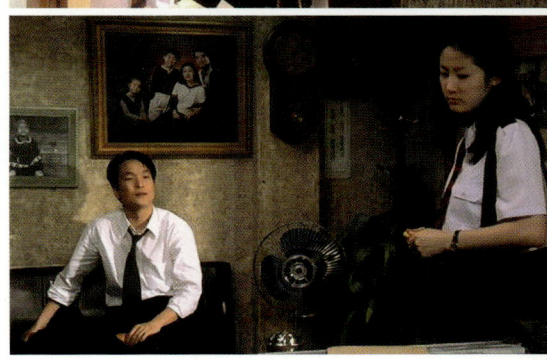

"이 자물쇠 손 좀 봐야 되겠군."

다림이 약간 짜증난 목소리로 말한다.

"한참 기다렸어요."

사실 별로 한참 기다리지 않았다. 이 대사의 지점이 우리로 하여금 다림을 이해하는 계기를 만들어 준다. 다림은 그런 여자인 것이다.

"빨리 현상해 주세요."

거침없이 필요한 것에 다가가는 거칠게 살아온 여자. 내면의 생각이 직접적인 회로로 외면에 드러나는 여자. 그제서야 정원은 다림을 의식하고 다림에게 부탁한다.

"조금 있다 오면 안 될까요?"

땀을 닦으며 사슴같이 선량한 눈으로 애원하는 정원을 상관하지 않고 다림은 단호하게 말한다.

"안돼요. 바로 해 주세요."

그리고 혹시나 해서 놓인 필름과 정원을 확인하는 시선으로 다시 한번 바라보고 다림은 사진관 밖으로 나가 버린다. 다시 한번 연기자 심은하는 자신의 역할을 손에 쥐고 있다.

이 장면은 두 사람이 처음 만나는 기가 막힌 장면이다. 몇 마디 대사와 몸짓으로 다림의 성격이 다 들어나는 장면이고 앞으로 전개될 이야기가 그대로 복선처럼 깔리는 장면이다. 그러니까 한석규는 설령 관객이 전혀 눈치채지 못하더라도 자물쇠를 열며 정원으로서 그 자물쇠를 고칠 생각을 해야 한다. 왜냐하면 그 자물쇠는 마음의 문고리를 단속하는 의미이기 때문이다. 앞으로 다림이 "나, 들어가도 돼요?"라고 물으며 거침없이 다가올 것이고, 정원은 그때를 대비해서 그 자물쇠를 고쳐 놓아야 한다. 하지만 아직은 풀어가야 할 다른 일들이 있다.

일본 리메이크에서 이 장면은 단지 두 사람이 처음 만나는 순간으로서의 의미만 있다. 더위 속에서 육체적으로 진짜 힘든 정원도 없고 현실과 예감이 교차하는 다림도 없다. 힘들어하는 히사토시는 주로 심리적인 느낌이고 다림에 해당하는 일본 이름인 유키코由紀子에게서는 아직 존재감이 희박하다. 뿐만 아니라 현대적인 가게에 고칠 문고리 따위는 더더군다나 없다. 가게의 이름도 현대적인 '스즈키 포토 스튜디오'. 스즈키는 일본에서 가장 흔한 성의 하나이며, 여기에서는 아버지의 대를 이은 가문의 전통이라는 뉘앙스가 있다. 스즈키가 원래 의미하던 방울나무는 제의와 관련이 있다지만 히사토시의 역할을 맡은 연기자에게 왠지 방울 같은 이미지가 있다.

7) 아이스크림을 사들고 사과하는 정원과 당황해 하는 다림

이제 이 영화에서 가장 환상적인 장면 중의 하나가 펼쳐진다. 연기자 한석규와 심은하는 영화사와 더불어 오래 오래 남을만한 2인무二人舞, 파드되pas de deux를 춘다. 그 춤의 완벽한 하모니를 느낄 수 있는가?

정원의 착한 성품은 정원으로 하여금 자신의 행위를 반성하게 한다. "내 몸이 좀 힘들다고 내가 지금 손님에게 뭘 한 거야?" 그래서 약 먹고, 세수하고, 몸과 마음을 수습한다. 사진관 앞 나무 아래에서 다림이 사진이 현상되기를 기다리고 있는 것을 보고 이웃 구멍가게에서 하드 아이스크림을 두 개 산다. 하나는 자기가 먹고 또 하나는 손수건으로 싸가지고 다림에게 들고 간다. 아이스크림을 손수건으로 싸서 뒷짐 지고 가는 모습은 손주 아이스크림 녹지 말라는 할아버지적인 배려인가? 아니면 손수건을 차갑게 하려는 계산된 행위인가? 화장터에서부터 정원의 손을 떠난 적이 없던 손수건이니 땀에 젖어 있었을 텐데 그 체취는 배려의 진정성인가?

다가오는 정원을 의식하면서 다림은 한판 싸움을 준비하는 사람처럼 허

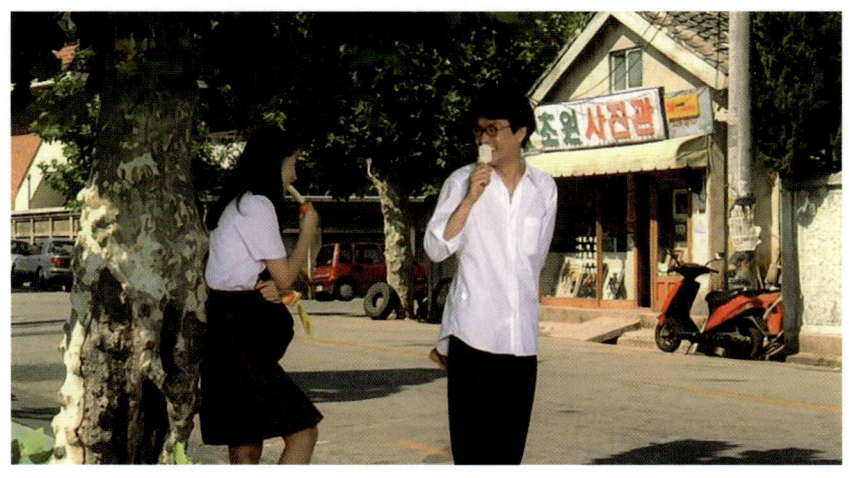

리의 샅바를 추스른다. 그러나 다림의 예상과는 다르게 정원은 아이스크림을 건네면서 부드러우면서 예의 바르게 사과한다.

"미안해요. 내가 너무 덥고 몸이 힘들어서 그랬어요."

다림은 별로 주저하지 않고 아이스크림을 받으면서도 분명하게 확인한다.

"사진 언제 나와요?"

아이스크림은 아이스크림이고 사진은 사진이니까. 이렇게 다림은 분명하다.

그러나 그 다림에게도 정원은 이상한 사람이다. 형제가 많고, 그렇게 부유하지 않은 배경에서 성장하고, 주차단속이라는 거친 삶의 현장에서 살아가는 다림이 바라보는 세계에서는 이 정도의 일로 아이스크림까지 사들고 가서 사과할 필요는 없다. 정원은 이런 다림을 푸근하고 한없이 관대한 시선으로 바라본다. 삶이 곧 싸움인 다림으로서는 익숙하지 않은 시선. 이 시선이 다림을 당황하게 한다. 그래서 손톱 끝으로 아이스크림을 깔기작거리다가 그만 치마에 흘리고, 어새부새 손수건으로 닦고 하는 등의 작은 소요를 만든다. 사실 이 소요가 다림의 마음인 것은 분명하다. 그렇지만 정원이 다림의 마음에 야기한 소요가 다림에게 싫지 않은 것도 분명하다. 여기에서 2인무가 시작한다.

정원이 땀을 닦으며 몸을 돌려 다림에게 등을 보일 때 그것과 정확하게 같은 호흡으로 다림은 편안하게 나무에 등을 기댄다. 정원은 고개를 돌려 다림을 바라보고 다림이 아이스크림을 먹는 모습에 완전 무장해제한 웃음을 웃는다. 다림이 쑥스럽게 웃으며 긴 머리를 옆으로 돌릴 때 정원은 다림을 다시 한번 돌아보며 웃는다. 8월의 햇빛은 눈부시고, 플라타나스의 푸르름은 부드러운 바람에 짙은 향기를 뿜어낸다. 타이를 풀고 바지 밖으로 끌어

내린 하얀 셔츠 차림의 정원은 그 이상 편안할 수 없는 웃음을 웃으며 다림을 보고, 단정한 제복 차림의 다림은 모처럼 삶의 긴장을 풀고 정원의 티 없이 하얀 셔츠의 등을 바라보며 편안하게 플라타나스에 몸을 기댄다. 조용한 기타 음악이 배경에 흐른다. 어떤가? 한석규와 심은하는 한 치의 오차도 없이 완벽한 호흡으로 이 장면을 2인무로 승화시킨다. 그런데 이 장면은 정말 너무 아름다워서 슬픈 장면이다. 그 슬픔이 느껴지는가?

정원은 이 세상에 살아가는 날까지 다림을 이렇게 어깨 너머로 고개를 돌려서 볼 수밖에 없다. 서로가 아무리 원해도 서로 얼굴을 마주 하고 나란히 서서 서로를 구할 수 없는 사랑도 있는 것이다. 이 장면은 영화 전체를 관통하는 정원과 다림의 관계에 대한 프롤로그적인 성격으로 한석규와 심은하가 철저하게 자신의 역할을 손에 쥐고 연기한 장면이다. 한 마디로 완벽하다.

일본 리메이크에서 이 장면은 그냥 평범하다. 유키코는 왠지 다림보다는 곱게 큰 것 같고, 좀 더 철이 없어 보인다. 유키코가 다림보다 더 터프하다는 평을 어디선가 본 적이 있는데, 뭐 생각하기 나름이겠지만 어쨌든 유키코의 감정 표현에는 구김살 없는 소녀적 변덕이 있다. 다림은 이미 정원을 만나기 전부터 소녀 시대를 제대로 경험할 겨를도 없이 바로 성인 세계로 진입해 버린 경우라 할 수 있는데, 바로 그 점에서도 심은하는 다림을 적절하게 연기한다. 이런 맥락에서 정원을 만난 다림 자신도 잘 이해할 수 없는 두근 거림을 이해할 수도 있다. 철저하게 현실적인 생존의 본능 속에 감춰져 있었던 소녀적 감성. 그 소녀적 감성을 건드리는, 육체적 고통에서 벗어난 정원의 신비스러운 초연함.

유키코에게선 현실적 생존력이 별로 느껴지지 않고, 그래서 그녀가 음료수 한 캔에 히사토시에게 느끼는 호감도 별로 설득력이 없다. 평범한 일상

복으로 갈아입고 유키코에게 다가온 히사토시의 표정은 삶도 아니고 죽음도 아니게 어색하게 어지중지하다. 하지만 그 히사토시를 향해 자석처럼 끌리는 유키코의 섬세한 어깨선의 움직임은 상세감각이라는 측면에서 하나의 성과로 평가할 만하다. 연기 미학적 관점에서 일본 리메이크에서는 찾아보기 힘든 상세감각적 연기의 드문 경우이다.

8) 파를 씻는 중에 빗방울을 맞는 정원

집에 돌아온 정원은 아버지와 저녁을 준비한다. 어릴 때부터 집안일 돕는 것이 익숙해 보이는 정원. 아버지는 파를 좀 씻어오라고 부탁한다. 정원은 마당에 나가 파를 씻는다. 그때 빗방울이 한두 방울씩 떨어지기 시작한다. 정원은 빗방울이 떨어지는 하늘을 바라본다. 도대체 왜 지금 빗방울이 떨어지는 것일까? 그냥 "지금 비가 오니까"라고 대답할 수 있으면 정말 쉽겠지만, 연기자 한석규의 표정에 한 걸음 더 깊게 들어가 볼 수는 없을까?

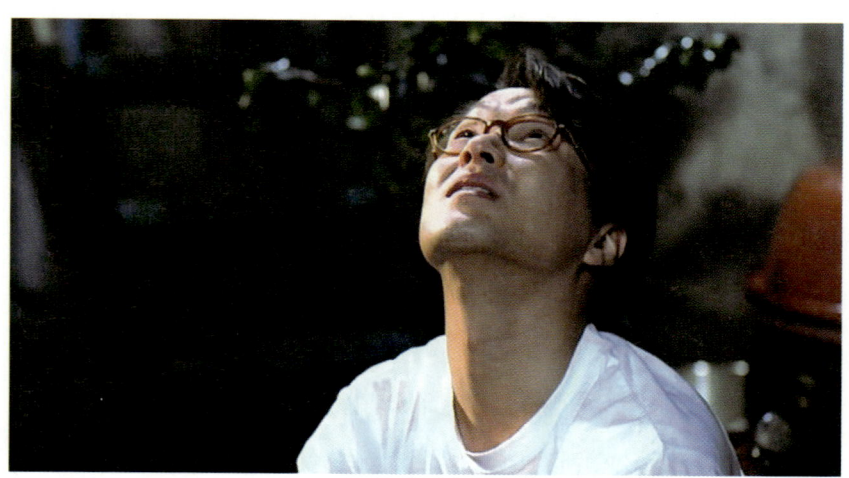

일본 리메이크에서는 빗방울 장면이 없다. 단지 히사토시가 요리에 열중하고 있는 아버지를 착잡한 표정으로 바라보는 장면이 있다. 다가오는 자신의 죽음을 느끼고 있는 히사토시로서는 지금 이 순간의 무상함이 그렇게 착잡하다. 홀로 남으실 아버지를 생각해도 그렇고, 다가오는 자신의 죽음도 그렇다.

반면에 정원은 아직 최종 진단을 받은 것은 아니다. 아버지와의 저녁 준비도 지극히 일상적이다. 파를 씻다가 떨어지는 빗방울을 맞으며 정원은 문득 하나의 조짐처럼 다가오는 죽음을 느낀 것일까? 언제나일 것 같았던 일상적인 아버지와의 저녁 준비가 하나의 무상함으로 다가온 것일까? 그러나 무언가를 찾듯이 하늘을 올려다보는 정원의 표정이 그렇게 불안하거나 무상하지만은 않다. 필자가 젊었을 때 쓴 짧은 시 중에 이런 것이 있다.

똑,
빗방울을 맞았네.
그건
사랑이었을까?

혹시 정원은 다림과의 첫 만남에서 무언가를 예감한 것일까? 물론 아직 정원의 마음속에는 누이동생의 친구였던 시집간 첫사랑이 애잔함으로 남아 있지만, 그 모든 인생의 무상함 속에서 정원은 삶의 어떤 의미를 찾고 싶은 것일까? 혹시 어머님인가? 혹시 그것은 섬광같이 스치는 '물 - 구름 - 비 - 물 - 구름 - 비'의 불생불멸에 대한 깨달음의 단초와 같은 것일까? 연기자 한석규의 표정은 그렇게 담담하면서도 미묘하다.

빗방울 장면이 없는 대신 일본 리메이크에서는 좀 더 뒤로 가면 우리 몸의

60~70%, 사과의 경우는 90% 이상이 물로 되어 있다는 유키코의 설명이 나온다. 유키코는 아주 신기한 듯 그 이야기를 초등학교 아이들에게 한다. 물론 유키코가 수업에서 하려는 이야기의 핵심은 물의 중요성이지만, 실제로 우리가 죽으면 우리 몸의 대부분은 물로 간다. 그 물이 비가 되는 것이다. 이런 의미에서라면 사실 태어나는 것도 없고, 죽는 것도 없다.

9)정원과 다림이 주유소에서 스치다

정원이 주유소에서 스쿠터의 기름을 넣고 있을 때 다림이 탄 주차단속 차량이 들어온다. 정원이 알아보고 인사한다. 그리고 주유소 직원에게 묻는다.

"얼마예요?"

"예, 만땅 3천원입니다."

그 순간 다림과 동료가 웃는다.

"만땅 3천원."

이번엔 동료가 대답한다.

"가득 넣어주세요."

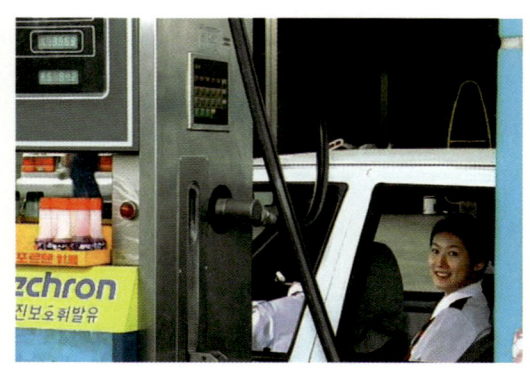

정원은 다림 쪽으로 예의바른 시선을 한 번 더 주지만 다림은 정원과 시선을 마주치지 않는다. 정원이 사라질 때 다림의 시선은 정원을 쫓는다. 연기자 심은하의 미묘한 연기가 필요한 지점이다. 정원과는 잠깐만 눈이 마주치지만, 실인즉 다림의 몸 전체가 정원에게 반응하고 있음을 관객은 쉽게 알 수 있다. '만땅 3천원.' 갑자기 신비롭던 정원이 세일과 실비에 익숙한 다림의 삶의 차원으로 내려오면서 다림의 가슴은 새롭게 현실적인 두근거림으로 울린다. '만땅 3천원.' 삶의 길이와 상관없이 삶은 언제나 그 자체로 충만할 수 있는 법. 다림의 조심스러운 시선이 상황에 적절하다.

일본 리메이크에는 이 장면이 없다.

10)아이들의 싸움을 말리는 정원

일단의 초등학교 아이들이 정원의 사진관을 찾아 학급 단체 사진에서 자신들이 좋아하는 여자아이들의 사진을 확대해 달라고 정원에게 주문하는 중이다. 그때 다림이 들어오고 남자는 애나 어른이나 다 똑같다고 한 마디 한다. 그러자 정원은 이성에 대한 관심은 자연스러운 것인데, 벗은 사진 확대해 달라는 것보다는 낫지 않느냐며 다림을 놀라게 한다. 그런 것도 다 해주냐고 물으며, 정원을 대하는 다림의 태도는 많이 편안해졌다. 그렇게 편안함 속에 정원을 바라보는 다림의 시선은 눈을 통해 그대로 마음까지 닿을 듯 직접적이다. 그 시선에 정원이 머뭇거리는 순간 밖에서 같은 여자아이에게 관심을 갖고 있던 두 남자아이가 싸우기 시작한다. 정원은 뛰어나가 싸움을 말린다. 아이들이 싸우는 이유를 파악하고 웃으며 싸움을 말리지만, 사실은 정말 열심히 싸움을 말린다. 그런 정원을 바라보며 다림은 정말 착한 남자라고 생각하며 경이로운 미소를 짓는다.

이 장면의 시작은 데스크에 앉아 있는 정원의 뒷모습인데 세 명의 초등학교 아이들이 그 앞에 서서 데스크에 놓인 사진을 보며 정원과 이야기하는 구성이다. 다림이 들어와 긴 의자에 앉을 때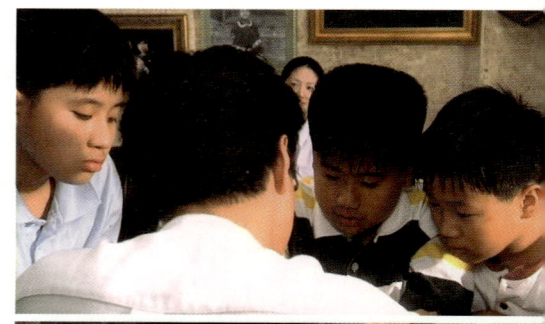
다림의 얼굴은 정원의 뒷머리와 세 명의
남자아이들 얼굴 사이로 간간히 보일 뿐
이다. 하지만 그 간간히 보이는 다림의 얼
굴, 특히 정원을 바라보는 다림의 눈빛과
턱을 괴는 다림의 몸짓에서 관객은 정원
에 대한 다림의 관심을 볼 수 있다. 앞에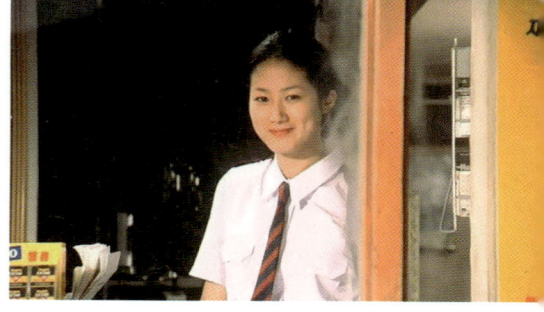
서 말한 놀라움의 시선을 거쳐 경이로운
미소가 그 관심의 절정이다. 아이들을 대
하는 정원의 태도와 아이들의 싸움을 말
리는 정원의 성품이 어떻게 다림에게 작
용하는지 한석규와 심은하의 연기가 오로
지 자연스럽다.

　일본 리메이크는 이런 구성의 직접적인 서술일 뿐인데, 특히 히사토시가
아이들의 싸움을 말리는 설정을 하지 않은 것은 이 구성을 평범하게 만들어
버린다. 이런 설정 없이 그냥 아이들과 어울려 철없이 노는 히사토시를 보
며 유키코가 짓는 커다란 미소는 어째 좀 설득력이 없어 보인다. 일본 리메
이크에서 유키코는 초등학교 임시 수영교사로 나온다.

11)시집간 첫사랑과 스치는 정원

　정원의 첫사랑 지원이 친정에 왔다가 스쿠터를 타고 가는 정원과 스친다.
고등학교 때는 예뻤을 얼굴. 그러나 지금은 생활의 고달픔이 느껴진다. 그

런 자신의 모습을 보여주고 싶지 않아 정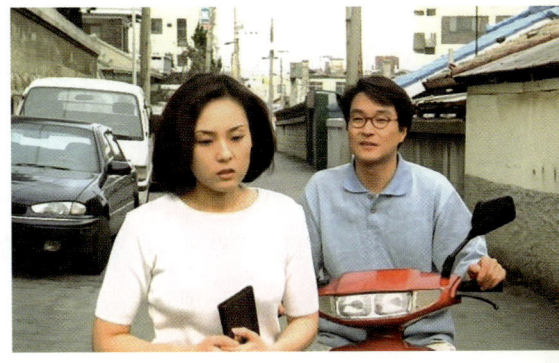
원과 마주 서서 이야기하는 것이 영 불편
한 지원. 빨리 가려 한다. "하나도 안 변
했네." "오빠두." 끊임없이 변하며 흐르
는 삶에서 변하지 않는 것은 무엇인가?
"잘 가라"라고 말하는 정원의 애잔한 목
소리에는 짙은 연민이 배어 있다. 배경
음악으로 잔잔하게 편곡된 「창문 너머 어렴풋이 옛 생각이 나겠지요」가 흐
른다. 부서지기 쉬운 환영과 같으며, 넘어서 직접 다가갈 수 없는 삶의 이미
지로 '창문'이다.

사진관으로 돌아온 정원은 사진관의 진열장을 열고 지원과 누이동생의
사진을 꺼내 본다. 과거−현재−미래의 단선적 흐름으로서 시간은 이미 8월
과 크리스마스의 충돌로 부서지고는 있지만, 아직 골목길에서 지원을 보고
스쿠터를 역방향으로 돌리는 정원에게 시간은 선의의 거짓말로서 불생불멸
이다.

일본 리메이크에서 이 장면은 저녁을 준비하는 아버지를 바라보는 히사
토시의 착잡한 표정 다음에 위치한다. 많이 달라진 첫사랑을 바라보는 히사
토시의 또 다시 착잡한 표정. 그러나 어른이 되어버린 첫사랑에 비해 히사
토시에게는 차라리 성장하지 않은 어린아이와 같은 느낌이 있다. 그러나 무
상한 변화로서 시간 그 자체에 대한 느낌은 희미하다.

12)정원과 누이는 함께 수박씨를 뱉는다

시집간 정원의 누이가 반찬거리를 챙겨주고 밀린 빨래를 해준다. 수박을 썰면서 누이는 지원의 이야기를 한다. 그리고 왠지 집요한 느낌으로 어린 시절 지원에게 느꼈던 정원의 감정을 환기시킨다. 그러나 정원은 반응을 보이지 않고 말꼬리를 돌리거나 수박씨만 뱉는다. 누이는 단념하고 오빠와 함께 수박씨를 뱉으며 웃는다. 참 다정한 오누이의 모습이다. 영화사를 통틀어 소도구로서 수박이 가장 효과적으로 쓰인 장면일 것이다.

그런데 수박씨를 뱉으며 웃던 누이가 갑자기 침울한 얼굴이 되어 정원을 바라본다. 누이의 표정 변화를 눈치 채지 못하는 관객이 있을 정도로 갑작

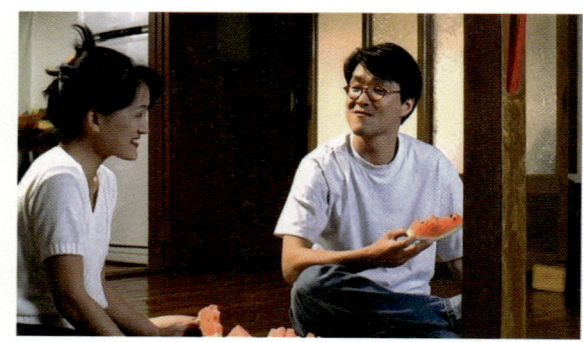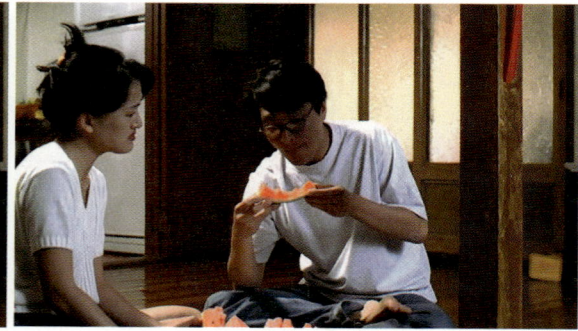

스러운 분위기의 반전이다. 그렇다. 누이는 정원의 죽음을 예감하고 있는 것이다. 그래서 지원의 이야기를 꺼낸 것이다. 좋았던 시절, 걱정 없었던 시절의 이야기를. 이제 자신은 직원 월급을 주기도 힘들게 가게를 꾸려가고 있고, 지원의 남편은 도박에 빠져 심지어 지원을 때리기까지 하고, 그리고 오빠는…… 정원은 이런 누이의 마음을 눈치채고 있는가?

처음부터 눈치 채고 있었다. 그래서 말꼬리를 돌리거나 수박씨만 뱉었던 것이다. 거의 눈물을 터트릴 것처럼 자신을 바라보는 누이의 시선에도 모른

척 수박만 열심히 먹고 있지만, 모를 리가 있겠는가. 정원의 마음을 드러내는 지점은 어디인가? 한석규는 그것을 어떻게 연기 하고 있는가?

열심히 수박 먹다가 수박을 흘리는 지점. 그 지점이 흔들리는 정원의 마음이다. 정원은 바지에 흘린 수박을 손으로 치우면서 그 마음을 털어낸다.

일본 리메이크는 역시 평범하다. 누이도 별로 집요하지 않고 히사토시도 별로 꺼릴 게 없고, 무엇보다도 히사토시는 수박을 흘리지 않는다.

13)다림의 마음속에 정원이 남자가 되어 들어오다

주차단속원 다림의 일상적 고달픔. 범칙금을 부과 받은 운전자가 다림을 붙들고 씨름을 하는 현장을 버스를 타고 가던 정원이 보게 된다. 녹초가 된 다림이 그 싱갱이 과정에서 떨어진 카메라 수리를 맡기려 정원의 사진관을 찾는다. 사진관 앞에서 들어갈까 잠깐 망설이는 다림이지만 정원의 편안함이 그립다.

"아저씨, 저 좀 쉬었다 가도 돼요?"

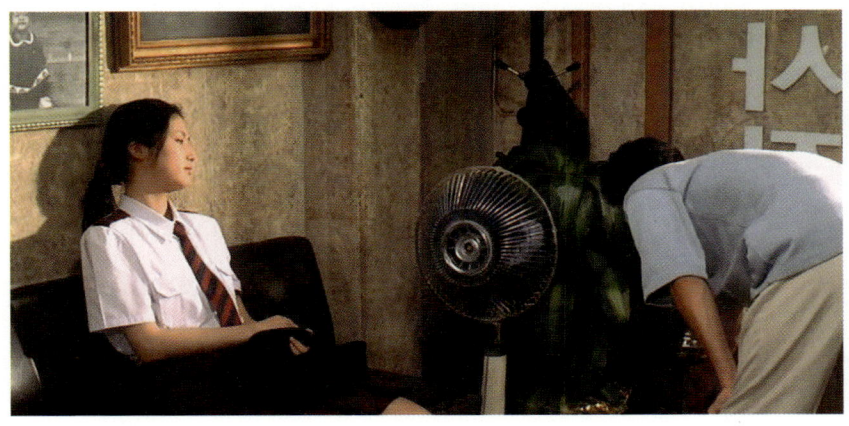

"좋은 카메라라도 있으면 그렇게 나를 무시하지는 못할 텐데."

"더운 건 이제 아주 지겨워."

정원 자신의 몸이 고달프기 때문에서도 더위까지 몰려 녹초가 된 다림의 고달픔이 마음에 직접 와 부딪친다.

이제 다림의 마음속에 정원이 남자가 되어 들어오는 눈부신 장면이 시작한다. 이 장면에서 연기자 심은하는 극중 인물 다림으로 완벽하게 넘어간다. 위로하듯 "힘들죠?"라고 말하며 다림에게 다가간 정원은 선풍기를 틀어준다. 선풍기의 바람은 물론 다림의 더위를 식혀주겠지만 그것만이면 이 장면의 핵심을 놓친다. 선풍기의 바람은 다림의 가슴에 부드러운 잔물결을 일으킨다. 정원은 선풍기 바람에 담뱃재가 날릴까봐 재떨이를 한 쪽 옆으로 치워준다.

여기까지 정원의 배려를 조용히 보고 있던 다림이 갑자기 일어난다.

"아저씨, 사자자리죠. 아저씨 생일 8월 아니에요?"

다림의 가슴속에 일기 시작한 잔물결이 작용한다.

"사자자리가 나랑 잘 맞는다고 하던데."

녹초가 되어 들어올 때와는 달리 생생해진 다림이 무언가 조사하듯 눈을

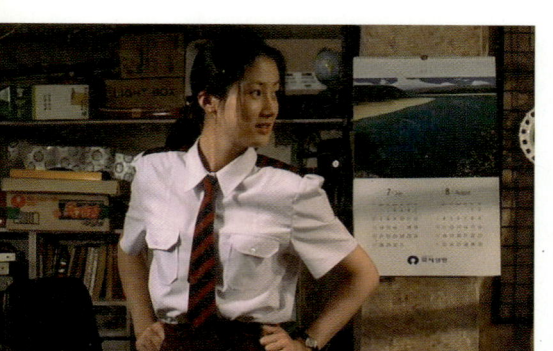

크게 뜨고 사진관 안쪽을 훑고 다닌다.

"아저씨 몇 살이에요?"

"결혼은 아직 안 했죠?"

물론 전과는 다른 의미이지만 다시 한 번 허리의 샅바를 추스리는 자세로 다림은 정원을 짝짓기의 대상인 남자로서 가늠하기 시작한다.

"나 이제 쉴 테니까 말 걸지 마세요."

다시 소파에 앉아 눈을 감는 다림의 이마 위로 머리 한 줄기가 절묘하게 흩어지고 다림은 자연스럽게 그 머리를 쓸어 올린다. 그 모습에 미소 지으며 정원은 다시 한번 선풍기를 다림의 얼굴 쪽으로 고정시켜 준다. 다림의 얼굴에 보일 듯 말 듯 미묘한 표정이 떠오른 순간 다림은 눈을 가늘게 뜨고 정원을 더 이상 아저씨가 아닌 남자로서 선언한다.

"근데 아저씨 오늘은 왜 반말 해요?"

이 장면은 심은하를 위한 장면이다. 다림이 느닷없이 사자자리 운운하며 일어날 때 한석규는 무대의 스포트라이트를 심은하에게 양보하며 뒤로 빠진다. 근데 너무 뒤로 빠져 거의 굳어 있는 느낌이 들 정도이다. 나이가 몇이냐는 물음에 버벅거리며 '20대 후반'이라 한다든지, 결혼에 대한 물음에 '아이가 둘이야'라 한다든지 등에서 보여지는 당황한 정원의 심리 상태일 수도 있겠지만, 그 만큼 심은하의 연기가 압도적이다. 정원이 아이가 둘이라고 대답한데에는 지원의 아이가 둘인 것에 대한 잠재의식적 미련이 내포되어 있기는 해도, 지금 정원의 옆에서 눈을 크게 떴다 가늘게 떴다 하고 있는 다림은 저돌적으로 위협을 느낄 만큼 싱그럽다. 20대 후반이라는 정원의 대답에 "30대구나. 완전 아저씨네"라며 웃을 때나, 아이가 둘이라는 정원의 말에 "옷 입는 것만 봐도 알아요. 거짓말하지 말아요"하며 정원 옆에 앉을 때 다림은 거의 터프한 수준인데, 연기자 심은하는 심은하이면서 동시에 다림인 한 현상학적 존재를 완벽하게 구현한다.

사실 정원이 사자자리라 해도 정원의 이미지는 거의 양과 같다. 그런데 여기에서 사자와 양은 외면적인 문제가 아니다. 양의 외관을 하고 일상을 살아가는 대다수 우리들의 내면에 잠들고 있는 사자를 깨워내는 이야기. 그

것이 「8월의 크리스마스」의 주제이다. 근본적인 착함과 주위에 대한 배려 속에 안으로 조용히 터지는 사자후獅子吼. 세월이 조금 흐른 후에 다림은 그 진정한 소리를 듣게 된다.

일본 리메이크에서 이 장면은 한 마디로 아쉬움이다. 임시 수영 교사인 유키코는 학생의 학부형으로부터 무언가 호되게 꾸지람을 듣게 되고, 그로 인해 사기가 저하되어 히사토시의 사진관을 찾는다. 히사토시가 간단한 손 동작으로 벽에 붙은 스위치를 올려 틀어주는 선풍기는 천정인가에 매달려 있어 보이지도 않고, 바람이 유키코의 가슴을 치고 가는 느낌도 없다. 그나 마 리모컨이나 에어컨이 아니라서 다행이다. 전형적인 로맨스의 상투성처 럼 유키코는 소파에 앉아 그냥 어두워질 때까지 잔다. 히사토시가 담요를 덮어주던가.

14)정원, 식구들과 저녁을 먹다가 파리를 쫓는다

정원의 생일일까? 하여튼 정원의 집에 누이네 가족이 찾아와 함께 저녁을 먹는다. 그 저녁거리를 장만하러 정원은 아버지와 생선가게에 간다. 생선의

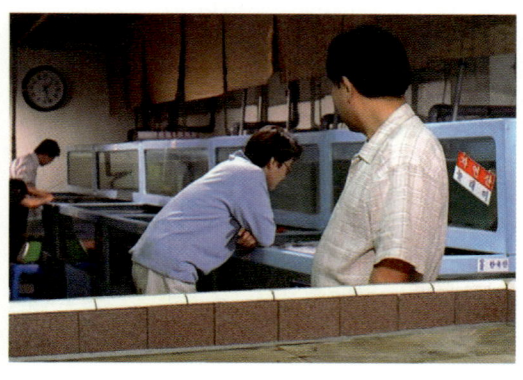

내장이 발라질 때 정원은 멀찌감치 떨 어져 시선을 황급히 돌린다. 그만치 가 까이 다가와 있는 죽음이고, 정원은 아 직 육체에 부디낀다. 그 아들을 아버지 가 아프게 바라본다. 아버지도 아들의 죽음을 예감하고 있고, 그렇다면 오늘 저녁은 이승에서 함께 하는 정원의 마

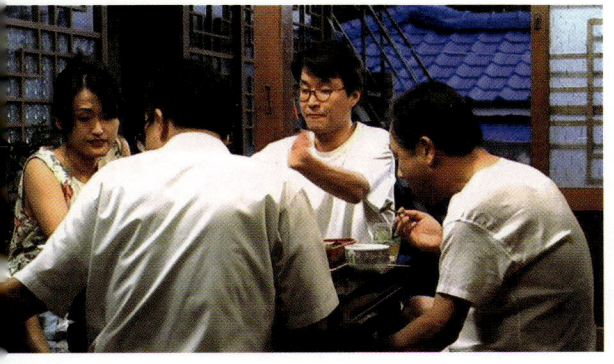

지막 생일 저녁이다.

모처럼 함께 하는 저녁인가. 누이와 매부, 그리고 조카, 정원, 아버지, 이렇게 다섯 식구가 함께 저녁을 먹는다. 화기애애한 분위기. 아버지의 매운탕 솜씨가 거론되는데 누이가 대수롭지 않은 듯 묻는다.

"오빠, 내일 병원 갈 때 나한테 전화 좀 해."

"아니 괜찮아. 혼자 가도 돼."

이게 대수롭지 않은 대화가 아니다. 정원은 내일 병원에서 시한부 생명을 선고받게 된다. 그러나 정원은 정말 아무렇지 않은 표정을 지으며 조카 뭐 좀 챙겨 먹이라고 누이에게 말한다. 바로 그 순간! 파리가 한 마리 밥상으로 날라 온다. 정원은 손으로 파리를 내쫓는다.

매운탕 솜씨를 과시한 아버지가 돌아가신 어머니 음식 솜씨는 별로였다고 이야기할 때 그 무뚝뚝한 표정 너머 가족 모두에 대한 사랑이 감춰져 있었다. 사랑의 표현은 어머니의 몫이었던가. 어머니가 돌아가신 후 그 역할은 자연스럽게 정원의 몫이 된다. 지금처럼 식구들이 모여 식사할 때 파리가 날라 오면 손으로 쫓는 것이 마치 어머니가 그랬던 것처럼 너무 자연스럽다. 식사를 마치고 아버지가 정원과 딸 가족의 사진을 찍어 준다. 정원은 아버지의 사진관을 물려받았음에 틀림이 없고, 정원이 죽으면 아버지가 다시 사진관을 꾸려가시게 될 것이다.

일본 리메이크에서 아버지는 현대적인 카메라에 아직 적응을 못 해 타이밍을 놓치는데, 그것이 식구들을 즐겁게 해준다. 오리지널과 리메이크의 결정적인 차이는 오리지널에서 정원이 파리를 쫓는 타이밍에 매부가 맥주를 쏟는 설정이다. 그 어색부색한 분위기. 오리지널 시나리오에서 파리를 죽음으로 봤을까. 이미 진단이 나온 상황에서 식구들의 분위기가 조심스럽게 가라앉아 있다. 그 가라앉은 분위기를 아버지의 실수가 간신히 풀어준다. 일본 리메이크의 해석에서 설령 파리가 죽음이더라도 그 파리를 쫓는 정원의 손끝에 어떤 악감정도 없다. 정원은 자신을 위해서가 아니라 오직 식구들을 위해 그 파리를 쫓은 것일 뿐이다. 선량함과 배려의 맥락에서 파리를 쫓는 한석규의 연기는 영화 전체를 통해 대단히 인상적인 지점 중의 하나임에 틀림이 없다. 유감스럽게도 히사토시 역할을 맡은 연기자에게는 그 기회가 없었다.

15)다림, 정원의 스쿠터 뒤에서 좋은 시간을 보내다

무언가 무거운 것을 들고 초원사진관 옆을 지나는 다림. 구청에 가는 길이다. 그때 스쿠터를 타고 정원이 등장하고, 다림은 반가워하는 기색을 감추지 못한다. 그러나 지나치려다가 잠깐 스쿠터를 세운 정원은 눈만 마주치고 그냥 가던 길로 가 버린다. 실망하는 기색이 역력한 다림. 거의 "스벌" 수준이다. 그러다가 스쿠터가 돌아오는 소리를 듣고 다시 헤시시 웃는다. 스쿠터가 다가오는 그 짧은 시간 동안 심은하가 연기하는 설레임의 다채로운 표정이 적절하다. "숙녀가 이렇게 무거운 걸 들고 가야겠어요?"

정원이 모처럼 장난스럽게 눈동자를 옆으로 굴리더니 스쿠터를 급발진시킨다. 그 바람에 다림은 정원의 허리를 바짝 껴안는다.

"남자친구 없어요?"

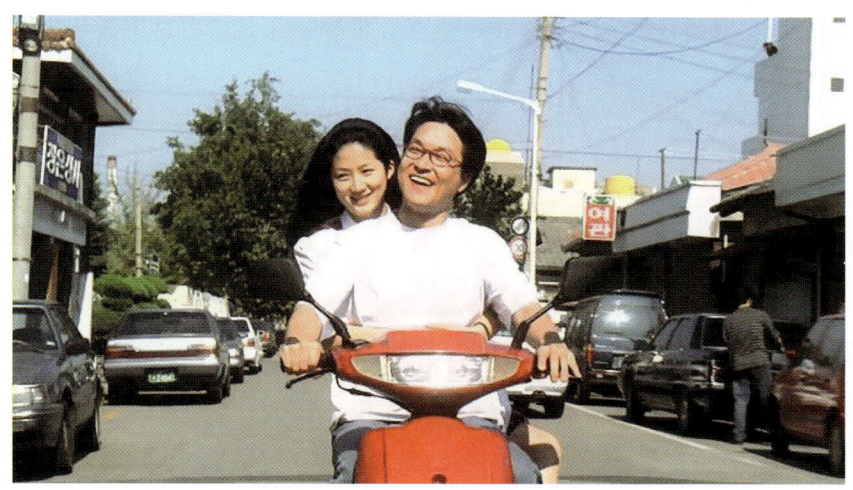

"다들 시시해요."

"좋아하는 남자친구 생기면 달라질 걸."

"모르죠, 뭐."

　정원은 뒤에 앉은 다림의 얼굴을 볼 수가 없다. 다림의 얼굴은 8월의 햇빛보다도 더 밝고, 8월의 푸르름보다도 더 싱그럽다. 좋아하는 사람의 스쿠터 뒤에 앉아 조심스럽게 옷만 부여잡고 있는 다림의 손을 잡아 정원은 다림이 자신의 허리를 껴안게 해준다. 위쪽, 거의 가슴이다. 정원이 다림의 두근거림을 느끼지 못할 수가 없다. 정원은 바람결에 자신의 머리를 가다듬는다. 눈부신 햇빛과 바람과 푸르름의 장면이다. 심은하는 정원의 스쿠터 뒤에서 최고의 다림을 연기한다.

　일본 리메이크에서 유키코는 하굣길에 게임방으로 사라진 한 아이를 찾느라 또 다시 녹초가 된다. 히사토시를 만나 그의 스쿠터 뒤에 타고 찾으러 다닌다. 아이를 찾아 안도한 나머지 가벼운 빈혈로 졸도를 하고 히사토시가 양호실로 데려간다. 이를테면 고마운 마음에 사랑이 더 깊어진다는 식인데, 무언가 억지스럽다. 무엇보다도 설레임이 없다.

16)첫사랑이 찾아와 사진을 치워달라고 부탁한다

「8월의 크리스마스」에서 창문은 은유의 수사학으로서 다양하게 기능한다. 정원이 사진관 창문을 물로 청소하고 있다. 이때 지원이 찾아오고 정원은 당황한다. 이제 한 관계가 정리되려는 지점이다.

"오빠, 청소해?"

"어, 어, 나 유리창……"

사실 다림을 스쿠터 뒤에 태우고 정원이 바람결에 머리를 가다듬을 때 이미 정원은 어느 정도 마음속에서 첫사랑으로서 지원을 정리하고 있었을 것이다. 정원은 갑자기 나타난 지원 쪽으로 창 닦는 브러시를 돌린다. 그러니까 비눗물로 닦아내는 유리창은 정원의 마음이다. 그 유리창에 사진관 안에 들어간 지원의 추억과 현실이 얽힌 착잡한 모습과 함께 지원과 눈이 마주친 정원의 포용하듯 웃음 짓는 얼굴이 비친다.

"오빠는 20년 넘게 살아온 이 동네
가 지겹지도 않아?"

지원은 그래서 떠났을 것이다.

"오빠, 왜 아직 결혼 안 했어?"

"너 기다리느라고."

조심스럽게 정원의 건강을 묻는 지
원의 표정이 서먹하고, 괜찮다고 대

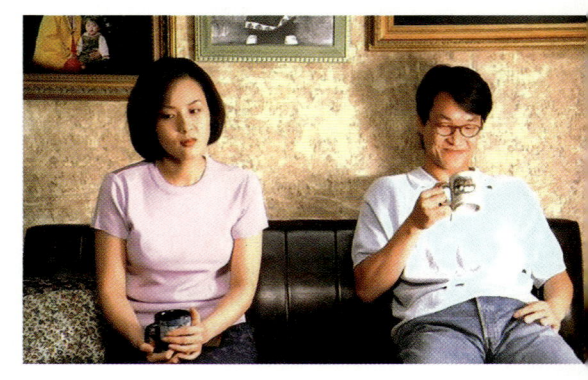

답하는 정원의 말투에서 느껴지는 어색함도 어쩔 수 없다. 이렇게 사랑은 추억으로 그친다. 지원이 정원을 찾아온 이유가 사실 진열장에 놓인 자신의 사진을 치워달라는 부탁 때문이지만 실제 대사는 없다. 관객은 다음 장면에서 정원의 나레이션으로 그 이야기를 듣게 된다. 따라서 사랑이 추억으로 그치는 느낌을 대사 없이 실감나게 전달하는 연기가 이 장면의 핵심이다.

일본 리메이크는 전형적인 삼각 멜로이다. 히사토시와 그의 첫사랑이 사진관에서 차를 마시며 이야기할 때 고마움과 사랑의 표시로 꽃 화분을 사들고 찾아온 유키코가 그 모습을 밖에서 보고는 도전적으로 꽃을 놓고 나가다가 문에 머리를 찧는 등의 슬랩스틱을 연출한다. 재미있는 장면이기는 하지만, 사랑도 추억으로 그친다는 느낌은 그 슬랩스틱으로 그만 가려져 버린다.

히사토시의 장난끼도 여전하다. 그 장난끼에 여운을 실을 수 있어도 좋았을 것이다. 히사토시와 첫사랑이 헤어지는 과정에서 히사토시가 정말 살고 싶었던 삶에 대한 짧지만 효과적인 암시가 던져질 수 있었지만, 그냥 끊어버린다. 이것은 작품 전체의 해석과 관련된 문제라고도 할 수 있다. 일본 리메이크에서는 영화가 진행됨에 따라 히사토시가 사진에는 별로 큰 관심이 없지 않나 하는 느낌이 있는데, 아버지가 원하시니까 별 관심이 없었어도 저항하지 않고 그냥 한 것이다. 착하니까. 정작 본인은 음악을 하고 싶어 하지 않았을까 짐작한다. 이것이 첫사랑과 헤어진 이유일 수도 있다.

17) 정원, 버스를 타고 병원에 간다

정원이 버스를 타고 병원에 간다. 버스 라디오로 산울림의 「창문너머 어렴풋이 옛 생각이 나겠지요」가 흐른다. 열려진 창으로 바람이 들어오고 앉

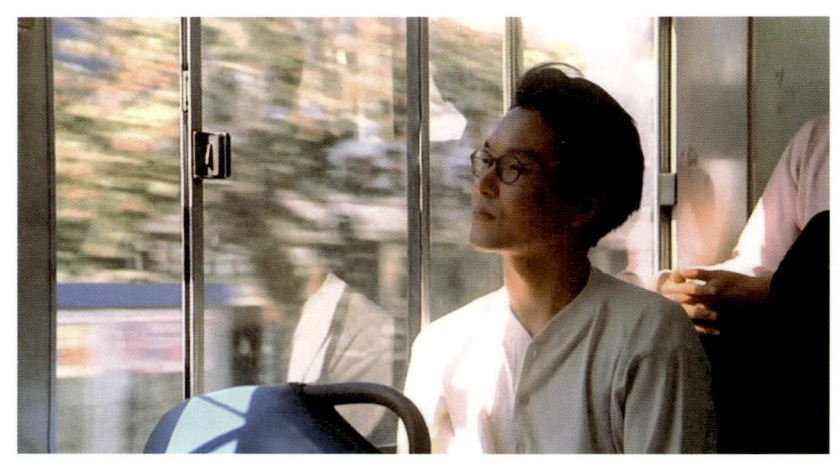

아있는 정원의 머리가 바람에 흔들릴 때 나레이션이 흐른다.

'세월은 많은 것을 바꿔 놓는다. 서먹하게 몇 마디를 나누고 헤어지면서 지원은 내게 자신의 사진을 치워 달라고 부탁했다. 사랑도 언젠가는 추억으로 그친다.'

차창 밖으로 스쳐 지나가는 나무가 처음에는 푸른빛으로 보이는 것 같더니 곧 단풍이 짙어져 간다. 그리고 보니 정원이 어느새 긴 소매의 옷을 입고 있고 버스는 병원으로, 가을로, 그리고 정원의 죽음을 향해 달려간다. 화면은 눈부시게 밝고 한석규는 그저 앉아 있는 표정만으로 가을로 물드는 차창 밖을 바라보는 정원의 마음을 눈부시게 연기한다.

일본 리메이크에서 히사토시는 전차를 타고 간다. 산울림과 같은 배경 음악도 없고 어느 사이 변해 버린 세월도 없고, 죽음과 둘이 아닌 눈부신 생명도 없다.

18) 시한부 생명을 진단받은 정원이 집에 와 발톱을 깎는다

병원에서 정원이 의사와 만나는 장면은 생략되어 있다. 관객은 약봉지를 들고 병원을 나서는 정원을 볼 수 있을 뿐이다. 무언가 실감이 나지 않는 듯 싶은 정원의 표정. 정원은 집에 와 마루에 앉아 발톱을 깎는다. 가장 일상적인 행위이면서도 어쩌면 무엇보다도 강하게 죽음을 연상시키는 행위. 마당에 걸려 있는 빨래와 이웃집의 권태스러울 정도로 파란 기와지붕, 밖에서 들려오는 아이들의 노는 소리들. 이렇게 지독하게 일상적인 상황 속에서 지금 한 젊은이가 시한부 생명을 선고받은 것이다. 발톱을 깎다가 정원은 물끄러미 자신의 엄지발가락을 바라다본다. 이것이 내몸인가. 이몸은 사라지는가. 이 몸이 사라지면 나도 사라지는가. 그제서야 불현듯 정원에게 밀려오는 '아, 내가 죽는가!'의 느낌. 정원은 가볍게 한숨을 내쉬며 고개를 들어 일상적인 풍경을 내다본다. 정원은 더 이상 발톱을 깎지 못한다. 발톱깎개를 내려놓는 소리가 "따가닥!" 천둥처럼 울리고, 정원은 마루에 눕는다. 정원의 눈 가장자리에 딱 한 점의 눈물이 맺힌다. 흐린 날의 초등학교 교정이 정원의 마음처럼 잡힌다. 바람이 불어 태극기가 조기처럼 흔들린다.

이 장면은 정말 놀라운 장면이다. 지금은 고인이 된 시인 박정만의 「대청

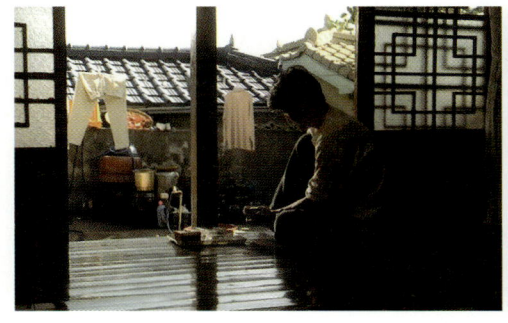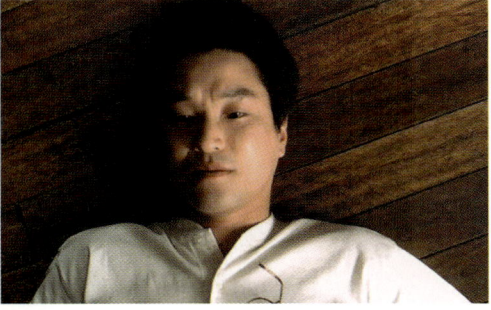

에 누워」라는 시가 떠오른다.

나 이 세상에 있을 땐 한 칸 방 없어서 서러웠으나

이제 저 세상의 구중궁궐 대청에 누워

청모시 적삼으로 한 낮잠을 퍼드러져서

산 뻐꾸기 울음도 큰 댓 자로 들을 참이네.

어차피 한참이면 오시는 세상

그곳 대청마루 화문석도 찬물로 씻고

언뜻언뜻 보이는 죽순도 따다 놓을 터이니

딸기 잎 사이로 빨간 노을이 질 때

그냥 빈손으로 방문하시게.

우리들 생은 다 정답고 아름다웠지.

어깨동무 들판길에 소나기 오고

꼴망태 지고 가던 저녁나절 그리운 마음.

어찌 이승의 무지개로 다할 것인가.

신발 부서져서 낡고 험해도

한 산 떼밀고 올라가는 겨울눈도 있었고

마늘밭에 북새더미 있는 한철은

뒤엄 속으로 김 하나로 맘을 달랬지.

이것이 다 내 생의 밑거름되어

저 세상의 육간대청 툇마루까지 이어져 있네.

우리 나날의 저문 일로 다시 만날 때

기필코 서러운 손으로는 만나지 말고

마음속 꽃그늘로 다시 만나세.

어차피 저 세상의 봄날은 우리들 세상.

필자는 이 시를 동화작가 정채봉의 산문집에서 보았다. 그도 이제 더 이상 이 세상 사람이 아니다. 그렇다면 저 세상은 또 어디인가? 아직 정원은 그 대답을 손에 쥐고 있지 못하지만, 이제 곧 그는 그 소식을 듣게 될 것이다. 결국 우리 모두 그 소식을 듣게 될 것이다. 더 이상 오고 감이 없는 언덕 너머의 세상.

일본 리메이크에서는 발톱깎이 내려놓는 소리 대신 새소리랄까 풀벌레 소리가 들린다. 그것도 괜찮다. 우리가 어느 길섶에 누워 눈을 감더라도 새는 또 울고 꽃은 또 필 테니까. 그렇지만 너무나 평범하게 보이는 일상의 삶이라는 틀 속에서 죽음의 충격이라는 이 장면의 핵심이 효과적으로 들어나기에 풀벌레 소리는 너무 희미하다. 히사토시의 표정도 그냥 가라 앉아 있기만 하다. 그것은 일본 리메이크에서 히사토시가 벌써 지난 겨울에 다가오는 자신의 죽음에 대한 진단을 받았기 때문이기도 하다.

19)다림, 정원의 마음속에 여자가 되어 들어가다

정원이 첫사랑과의 오래 된 마음속의 관계를 정리할 때 실인즉, 다림이 들어올 수 있는 마음속의 빈자리가 생긴 셈이다. 아니나 다를까, 다림이 여자가 되어 정원의 마음속으로 들어온다. 정원이 출장 나가려는 순간 다림이 급한 사진이라며 정원을 붙잡고, 정원은 기다리는 다림에게 아이스크림을 한 통 사다준다. 다림은 정원에게 같이 먹자고 하는데, 아이스크림을 권하

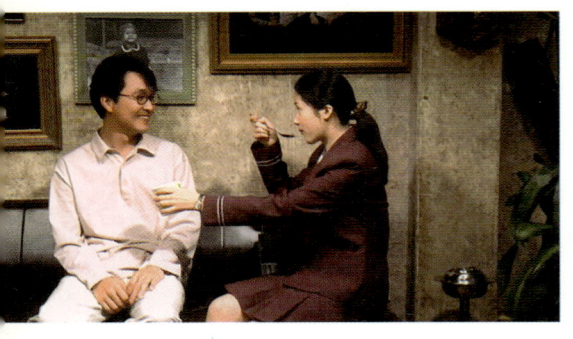

는 다림의 눈빛과 몸짓, 그리고 차가운 아이스크림에 얼어붙은 혀가 내는 목소리마저 일품이다. 누구도 거부할 수 없을 것 같은 단도직입적인 솔직함과 마음 속으로 직통 치고 들어와 버리는 눈빛, 그리고 웅얼거리는 듯싶은 목소리. 심은하의 완벽한 역할 해석이다.

그 몸짓과 눈빛과 목소리에 흔들리는 정원의 숟가락과 공격적인 다림의 숟가락이 부딪히고, 그것을 회심의 미소를 지으며 바라보는 다림의 결정타가 날아간다. 정원과 같이 조심스럽게 아이스크림을 떠먹는 사람과 한통의 아이스크림을 통째로 지배하게 된 다림이 오져 하며 아이스크림을 먹자 정원이 묻는다.

"형제가 많아?"

손가락으로 다섯을 만들며 다림이 예의 그 눈빛으로 정원을 바라볼 때 정원은 그만 다림을 여자로서 받아들이고 만다. 그 순간을 포착할 수 있는가?

그렇다. 정원이 자신의 머리를 쓸어 만지는 순간. 이미 지난 번 다림과 함께 스쿠터를 탈 때 바람이 어루만지게 했던 그 머리를 이제 자신의 손으로 가다듬는다. 그리고 다림의 무슨 소리에 속절없게도 그만 "허허허." 크게 웃고 만다. 이제 자신은 시한부 생명을 선고 받았는데 어쩌자는 것인가.

일본 리메이크에서 이 장면은 그냥 시늉만 한다. 이 장면으로 가기 전에 히사토시가 사진관 문을 고치는데 무엇을 고치는지 영 뜬금이 없고, 타이밍도 어설프다. 다시 말해 연기자가 자신의 작용에 대해 확신이 없게 된다. 연기자로서 무엇을 손에 쥐고 연기하기가 어렵다는 이야기다. 부실한 것은 사

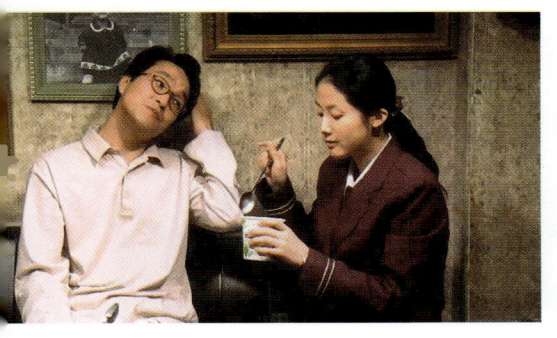

진관의 문고리일 필요가 있으며, 문고리
라면 다림이 정원의 마음에 여자가 되어
들어 왔을 때 고치는 게 더 적절하다. 그
때 주소가 분명한 연기라면 이를 앙다물
고 문고리를 고치는 연기가 될 것이다.
따라서 히사토시가 유키코를 찾아가 함
께 농구를 하고 히사토시의 여자관계에
대한 오해를 푼 유키코가 아이스크림을 사들고 놀러왔다는 맥락에서 부딪
히는 두 사람의 숟가락은 그만큼 절박함이 덜 하다.

20)같이 있어도 더 가깝게 같이 있고 싶은 당신

다림은 점심을 편안하게 먹기가 힘들다. 식당에 들어가면 불법 주차한 손
님들이 놀라 뛰어나오니 식당 주인들이 좋아하겠는가. 그래서 동료언니와
함께 정원이 다니던 초등학교 앞에서 햄버거로 때운다. 동료 언니가 무언가
를 눈치 챘다는 듯이 묻는다.

"왜 여기 와서 밥 먹냐, 우리?"

다림은 정원과 스치듯이라도 만나기를 기대하고 있는가?

그 순간 정원이 저녁찬 거리를 스쿠터에 싣고 오다가 다림을 보고 말을 건
넨다.

"뭐 해요?"

다림은 먹던 햄버거를 안 보이게 동료 언니에게 넘기고 입을 '슥슥' 닦고
다가간다.

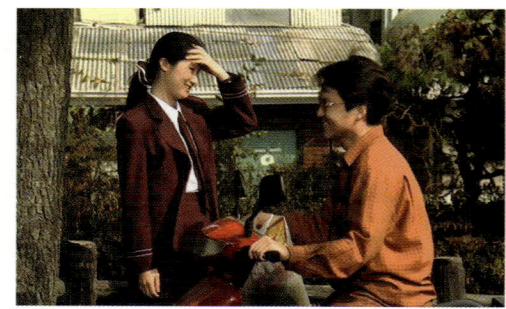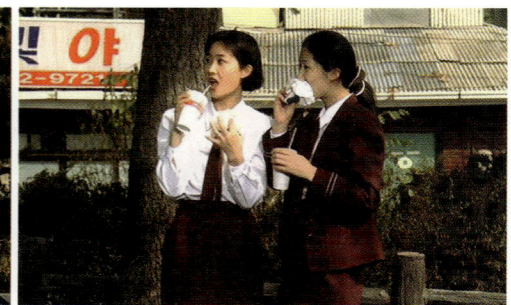

"더워서 쉬고 있어요."

쉬고 있단다.

"어머, 이게 뭐야. 당면이잖아. 시금치도 있네. 이런 것도 할 줄 아세요?"

"먹을 만해."

정원이 웃는다.

"집으로 가세요?"

정원이 동료 언니에게 인사를 남기고 떠나자 다림은 아쉬운 듯 정원의 뒷모습에서 눈을 떼지 못한다. 정원의 집이 궁금하고, 정원이 만든 잡채가 얼마나 맛있을까도 궁금한 다림이다. 이렇게 다림에게 같이 있어도 더 가깝게 같이 있고 싶은 당신이 되어버린 정원이다. 다림은 탐욕스럽게 한 입 크게 햄버거를 베어 문다.

일본 리메이크에서 이 장면은 없다. 그 대신 유키코가 초등학교 수업시간에 인간 몸의 60~70%가 물로 이루어져 있다는 이야기를 한다. 사과는 90% 이상이 물이다. 앞에서도 거론했듯이 이 장면은 오리지널의 빗방울 장면에 해당한다고 볼 수도 있지만, 사실 그 장면의 맥락은 상당히 불투명하다. 일본 리메이크에서 병원에서 돌아온 히사토시가 발톱을 깎는 장면이 나올 때

신문지 위에 깎여진 발톱을 클로즈업한다. 차라리 이 장면을 그 장면 뒤에 붙였으면 더 효과적이었을지 모르겠다.

21)문고리를 고치는 정원, 그러나……

정원이 문고리를 고친다. 이제 더 이상 놔둘 일이 아니다. 다림이 여자가 되어 거침없이 다가오는데, 정원은 시한부 생명을 선고받지 않은가. 정원 의 표정을 보았는가? 문고리를 고치는 연기에 대해서는 앞에서도 잠깐씩 언 급이 있었는데, 문고리를 고치는 정원의 표정이 그 이상 더 다부질 수 없다. 이를 앙다물고 고친다. 이 이상 더 다림에게 마음의 문을 열 수 없기 때문이 다. 정원이 열심히 문고리를 고치고 있을 때 다림의 주차단속 차량이 나타 난다. 다림의 동료 언니가 필름을 맡긴다. 아무리 그래도 그렇지, 정원은 다

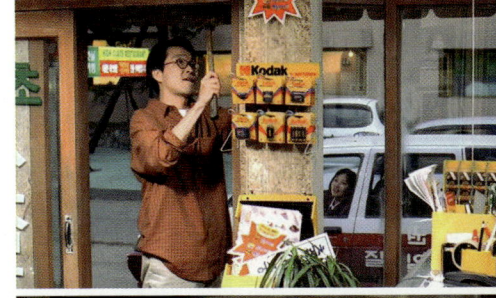

림은 뭐하나 확인한다. 피곤한 다림은 앞좌석 에서 자고 있다. 약간 실망한 정원. 그러나 마 음을 굳힌다. 지금 문고리를 고치는 이유가 다 그 때문인데……. 차가 출발하고 마음을 굳힌 후 긴장을 푼 정원에게 느닷없는 다림의 공격. 자고 있는 줄 알았던 다림이 차창 밖으로 손을 내밀어 정원을 향해 흔들고 있는 것이 아닌가. 그 순간 정원은 속절없이 웃고 만다. 이렇게 어 쩔 수 없는가. 어스름 저녁 빛에 정원의 웃음은 이루 말할 수 없이 복잡하다. 연기자 한석규는 이 장면의 의미가 적절하게 담겨 있는 웃음을

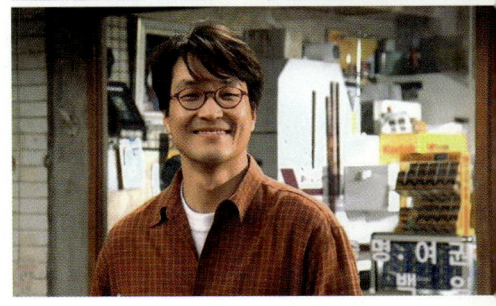

웃는다.

일본 리메이크에서 이 장면은 발톱 장면 다음이다. 히사토시가 드라이버로 손을 보고 있는 게 뭔지 확실치는 않다. 문고리가 아닌 건 분명하다. 유키코가 자는 척 하는 것은 이해가 간다. 지난 번 히사토시의 첫사랑 때문에 마음이 상했으니까. 손을 흔드는 건 마음이 풀릴 가능성을 보여주는 것일 테고. 이야기의 맥락상 히사토시의 웃음에 별 다른 의미는 없다. 유키코가 갖다 놓은 꽃화분이 클로즈업되고, 다음 장면에서 히사토시는 대수롭지 않게 유키코를 찾아간다. 이렇게 이야기의 전개가 자연스럽지 않아서야 연기자의 연기가 제 주소로 전달되기가 어렵다.

22) 정원, 노상 방뇨하다

심사가 복잡한 정원이 태권도장을 하는 친구 철구를 찾아 간다. 1차로 식사와 술을 한 후 평소의 정원과는 다르게 2차를 가자고 철구에게 떼를 쓴다. 이미 1차 때부터 옛 이야기를 꺼내는 정원이 심상치 않다. 29살 생일에 "술 마시고 죽자!" 하지 않았냐고 철구를 몰아붙인다. 그때 그런 의미로 죽음 운운하지는 않았겠지만, 지금 정원에게는 죽음이 짙게 드리워져 있다.

철구에게 떼를 쓰던 정원이 갑자기 노상 방뇨를 한다. 철구도 함께 하려고 바지 지퍼를 내리지만, 요란한 소리를 내며 소변을 보는 정원과는 달리 철구는 소변이 나오지 않는다. 철구가 소변을 단념할 때 정원이 철구의 귀에 대고 속삭인다.

"철구야, 나 죽는다."

그 소리에 술값, 건강 등 철구가 신경 쓰는 일상적인 것들이 다 뒤로 물러

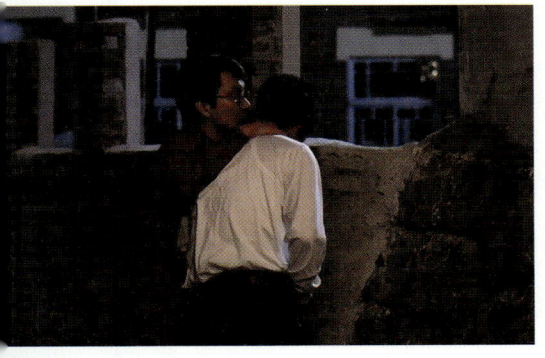

서면서 철구가 반응한다.

"이 자식, 술 마시려고 별 소리를 다 하네. 그래, 좋다. 마시자."

정원은 철구를 껴안는다. 평소 노상 방뇨 따위는 절대 하지 않았을 정원이지만, 오늘 그 모든 것이 정원에게는 살아있음의 경험이다. 그렇게라도 살아있음을 붙잡고 싶은 것이다. 철구는 다르다. 그래서 그는 노상 방뇨를 할 수 없다. 그렇지만 죽음을 언급하는 정원에게 무언가 절박한 것이 있음을 직관적으로 느낀다. 이제 술에 취해 거리에서 막춤을 추는 두 친구의 모습이 잡히면서 배경 음악과 함께 정원의 나레이션이 흐른다.

"결국 농담처럼 녀석에게 말해버렸다. 이렇게 술에 취해 녀석에게 응석부리며 웃고 떠들 수 있는 날들이 내게 얼마나 남아 있을지."

일본 리메이크에서 료지라는 친구는 곡물점을 한다. 1차후에 두 친구는 함께 노상 방뇨를 한다. 오리지널에서는 자신의 지갑을 걱정해 2차를 꺼려 하던 철구였던 반면, 료지는 히사토시의 건강을 걱정한다. 그리고 노상 방뇨를 하고 못하고가 야기하는 생물학적 살아있음과 죽음의 절박한 차이와 그 차이가 빚어내는 무상함의 분위기가 일본 리메이크에서는 영화 뒷부분에 료지가 히사토시의 빈자리를 느끼며 같은 자리에서 혼자 노상 방뇨를 하는 장면으로 대체된다. 관객과의 소통을 염두에 뒀을 것이다.

실제로 오리지널에서 철구가 두 차례나 오줌이 나오지 않는 것을 투덜대는 데도 그 장면을 기억하는 관객이 드물다. 이렇게 오리지널 「8월의 크리스마스」는 여운과 소통 사이에서 균형을 잡기 어려운 줄타기를 한다.

23) 왜 내가 조용히 해야 하는가

2차에서 3차, 그리고 포장마차에 이르기까지 술이 과했다. 지금 정원은 무슨 시비엔가 말려들어 파출소에 와 있다. 한쪽 구석에 조용히 앉아 있던 그가 누군가 "조용히 해"하는 소리에 갑자기 벌떡 일어나더니 고함을 지르기 시작한다. "왜? 왜 내가 조용히 해야 하는데, 왜?" 고함에 욕이 섞여 들어가고 정원의 모습은 균형을 잃었다. 울부짖는 정원을 철구가 다가와 함께 울며 껴안아 준다. 이제 철구도 알고 있는 것이다. 늘어뜨린 정원의 두 손이 그렇게 막막할 수가 없다. 고함을 지르는 정원의 모습에서 연기자 한석규의 출세작 「초록 물고기」의 막둥이가 떠오르기는 해도 말 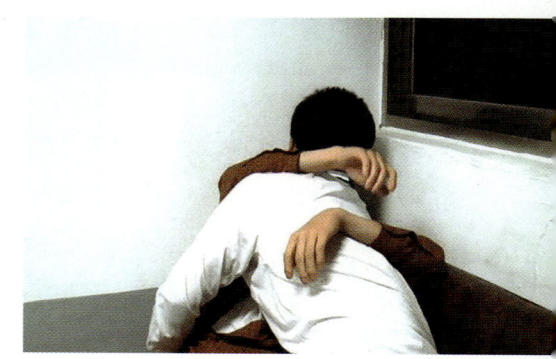 이다. 지금까지 보이던 정원의 차분함이 술로 인해 무너진 장면이다.

사실 술이 아니더라도 정원의 폭발을 이해할 수 있다. 지금까지 정원의 평정심을 상징하던 안경은 어디론가 사라졌고, 정원이 귀를 막아도 세상의 시끄러움은 정원의 마음에 파괴적으로 작용한다.

"제가 민정당 조직책입니다." "민정당 없어졌습니다."

깊은 밤 파출소에 모인 거의 코믹할 정도로 이상한 사람들 속에서 우리의 평상심은 어디로 가는가? 눈에 보이지 않는 우리 삶의 원인과 결과에 대해 우리는 그저 무력하기만 할 뿐인가? 깊은 밤 파출소거나 깊은 밤 응급실에서 던져지는 이런 물음들에 대한 대답은 어느 메아리에서 울려오는가?

일본 리메이크에서 히사토시는 "나는 아무 짓도 안 했어"라고 말하며 애처럼게 항의한다. 비슷한 효과인데 그래도 료지를 마치 멱살 잡듯이 부여잡은 히사토시의 손보다는 막막하게 늘어뜨린 정원의 손이 무력감으로서 더 강력한 느낌이다.

다음날 철구가 전화한다. 정원이 걱정스러운 것이다. 정원은 간신히 전화를 받는다. 파출소의 난동에 대해서는 아무런 기억도 없다.

'주차단속원?'

전화 내용으로 미루어 정원은 어제 자신의 죽음뿐만 아니라 다림에 대한 것도 철구에게 털어놓은 모양이다. 아이스크림을 먹으며 머리에 손이 가던 순간 다림이 여자가 되어 정원의 마음속에 들어온 것이 다시 한번 확인된다. 그 순간이 어제 밤 정원의 오열에 일부 책임이 있는 것도 분명하다.

술이 덜 깬 정원이 전화를 끊고 마루에서 신음하듯 한숨을 토할 때 다림은 열심히 불법 주차 차량 지도를 하고 있다. 다림 옆에서는 성실해 보이는 남자 동료가 차를 운전하고 있다. 별 다른 의미가 없어 보이는 일상적인, 너무나 일상적인 장면이다.

일본 리메이크에서 철구의 전화나 다림의 일상 같은 장면들은 없다. 다림의 일상 장면 후에 다림이 정원에게 놀러오는 장면이 나오는데, 일본 리메이크의 경우 그 장면이 바로 생명과 물에 대한 유키코의 수업 장면이다. 그러니까 그 장면은 유키코의 일상을 보여주면서 동시에 어떤 심오한 의미를 담고자 했을 수도 있다. 오리지널의 일상적인, 너무나 일상적인 장면에서는 심오한 의미를 찾아보기 힘들다. 너무나 일상적이라는 그 자체가 그 장면의 의미일 것이다.

24)촌스런 제비꽃빛 스웨터의 다림, 놀러오다

숙취에서 회복한 정원이 사진관에서 일을 하고 있을 때 휴무인 듯 다림이 촌스런 제비꽃빛 스웨터를 입고 장난스럽게 유리창을 손끝으로 두드린다. 그리고 속삭이는 소리로 입만 크게 열어 정원에게 말을 건넨다.

"아저씨, 뭐 해요?"

정원도 마찬가지, 둘이 판토마임을 한다.

"나? 일 해." "나, 들어가도 돼요?"

정원이 못 알아듣자 다시 한번 되풀이 한다.

"나, 들어가도 돼냐구요."

정원이 차분하게 반응한다.

"들어와? 나한테? 나하구 차 한 잔 할 거면 들어와도 좋아."

그 반응에 내포된 신중함은 무시하고 다림은 자신의 뜻이 성취되어 만족한 표정으로 들어간다. 물론 이 장면은 은유의 수사학이다. 사실 지금 다림은 정원으로 하여금 마음의 창을 열라고 두드리는 중이다. 그것도 두 번이나 되풀이해서 말이다. 이때를 대비해서 정원은 문고리를 고쳐 놓았다.

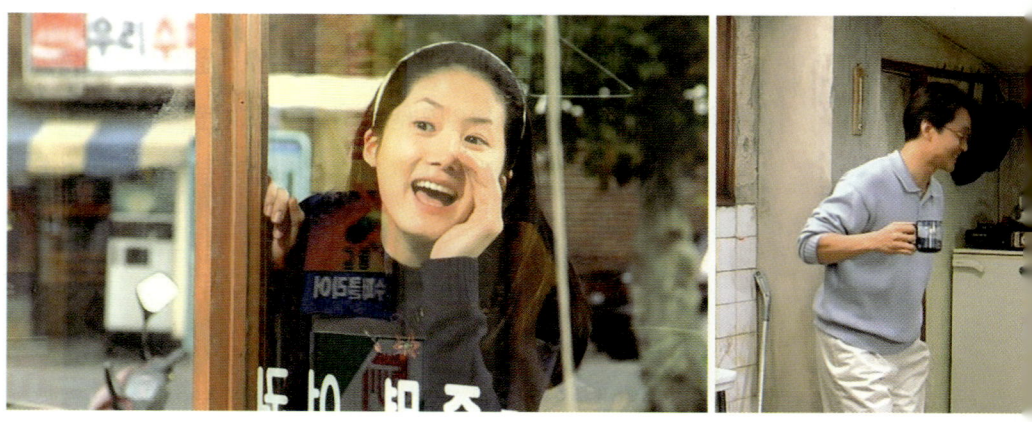

정원의 사진관에 들어온 다림은 정원이 차를 준비하고 있을 때 사진관의 커다란 카메라를 거침없이 만지작거린다.

"아저씨, 아저씨는 왜 나만 보면 웃어요?"

허허 웃으며 정원이 묻는다.

"아가씨, 전에 무슨 일 했어?"

아가씨? 지금 정원이 어색하다.

"그냥 집에서 빈둥거렸어요."

다림은 거울 속의 자신과 정원을 가늠하듯 바라본다.

"근데 아저씨는 왜 결혼 안 하셨어요?"

정원이 뭐라고 대답할 것인가.

"결혼? 바빠서."

더 어색하다. 검열관처럼 정원 앞에 버티고 선 다림이 수긍하듯 고개를 끄떡이며 웃는다. 정원이 건네준 차를 스푼으로 저으며 다림은 책상 옆 의자에 앉는다.

"일이 힘들지는 않아?"

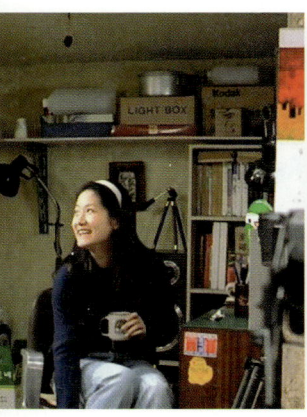
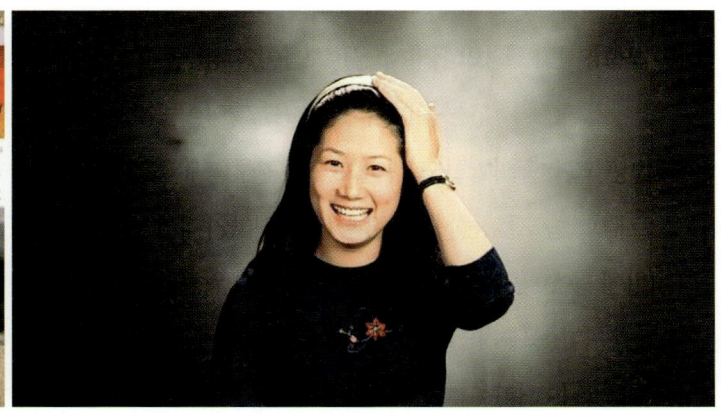

"그냥 그렇구 그래요."

다림은 스푼 놓을 자리를 찾다가 책상 위에 놓인, 빈 채로 접혀진 약봉지를 스치듯 본다.

"아저씨, 사는 게 재미있어요?"

정원이 다시 뭐라고 대답할 것인가.

"나도 그냥 그렇고 그래."

삶에 대한 사유가 다림의 영역은 아니다. 다림의 의도는 철저하게 합목적적으로 짝짓기에 대한 타진이니까. 그래서 정원의 어색할 수밖에 없는 대답에 손으로 입을 가리며 조신한 듯 웃는다. 사실 다림은 그렇게 조신한 여자가 아니라서 그 웃음이 정원의 대답보다 더 어색하다. 이 지점에서 심은하의 어색한 연기가 느껴진다면 그것은 어설픈 장면 파악 때문일 수도 있고 어색하게 시도한 어색한 연기 때문일 수도 있다. 「8월의 크리스마스」 전체에서 연기가 어색한 몇 안 되는 지점 중의 하나이다.

어쨌든 곧바로 다림의 평소 모습이 돌아온다.

"오늘 월급 받았어요."

"그래? 그럼 한 턱 써야지."

"글쎄, 아저씨 하는 걸 봐서요."

"예끼."

다림의 의도야 어떻든 일관되게 아저씨의 자세를 취하고 있는 정원이 버릇없고 사랑스러운 동생에게 하는 것 같은 몸짓을 취한다. 다림은 주인 앞에 강아지와 같은 표정으로 웃는다. 앞선 연기와는 대조적으로 이때 심은하의 몸짓이 절묘하다. 화면 아래라서 볼 수는 없지만, 손으로 마치 바지단을 내리거나 양말을 올리거나 하는 듯한 몸짓. 완벽하게 자기를 낮추는 몸짓이다.

정원은 다림의 사진을 찍어준다. 이제 이 사진이 정원이 죽은 후 사진관의 진열장에 걸리게 될 것이다. 정원이 다림더러 입술에 침 좀 묻혀보라 하자 왠지 공연히 쑥스러워진 다림이 부끄럽게 웃는다. 화장기 없고 아직 볼살에 우유가 남아있는 듯싶은 얼굴. 아무리 아저씨적 자세를 견지하고 있는 정원이라 하더라도 촌스런 제비꽃빛 스웨터의 그 모습이 너무 사랑스러워 자기도 모르게 감탄사가 나온다.

"아, 좋다."

그때 다림이 카메라를 만지작거렸던 통에 필름이 빠져 나가는 작은 소동이 벌어지고, 다림은 환하게 무장해제한 웃음을 웃는다. 정원이 나중에 병원에서 꿈을 꾸게 될 그 웃음.

집에 오는 길에 다림은 화장품 세일점에 들러 립스틱을 산다. 거울 앞에 앉아 조심스럽게 발라본다.

일본 리메이크에서 이 장면은 히사토시가 유키코의 사진을 '이쁘게' 찍어주면서 마음이 흔들린다는 설정이다. 히사토시는 유키코를 보내놓고 기타를 튕긴다. 히사토시의 첫사랑이 히사토시를 떠날 때 부서버린, 그래서 수선한 흔적이 여전히 남아 있는 기타. 어쩌면 히사토시가 살고 싶었던 삶. 그러고는 친구를 찾아가 술을 마시는 것이다. 따라서 오리지널에서 본격적으로 짝짓기를 결심한 다림과 그 다림으로부터 거리를 유지할 수밖에 없는 정원의 사정이 야기하는 어색한 긴장 관계가 다림의 무장 해제한 웃음을 통해 해소되는 과정이 일본 리메이크에서는 없다. 결국 유키코가 창문을 두드리며 "들어가도 돼요?"라고 묻는 은유의 수사학이 희석될 수밖에 없다.

25) 가족 사진인가, 영정 사진인가

영화의 거지반 중간쯤에 다다른 이제 생명으로 죽음 껴안기라는 「8월의 크리스마스」의 주제를 위한 핵심적인 장면이 시작한다. 형제들이 모여 연로하신 어머니를 모시고 가족 사진을 찍는다. 하지만 이것은 핑계일 뿐이고 사실은 어머니의 영정 사진을 준비 중이다.

"어머니, 안경 좀 벗어 보시겠어요?"

정원이 묻는다.

"아니 그냥 쓰시는 게 낫겠네요."

"그럼. 이거 아들이 해준 안경인데."

그러나 어머니의 자랑스런 아들도 어머니를 모시고 죽음으로 갈 수는 없다. 아들들은 담배를 피어물고 어린 손자는 집에 가자고 빽빽거리며 운다. 죽음 앞에서 온통 어세부세하다. 일본 리메이크에서 히사토시의 매부가 맥주 쏟는 장면이 아마 이 장면에 해당할 것이다. 가족 아무도 혼자 카메라 앞에 앉은 어머니를 보지 않는다. 집값이며, 부동산 이야기만 한다. 모두 죽음으로부터 고개를 돌리고 있다. 혼자 죽음과 마주 한 어머니는 외롭다.

아직 자신의 죽음을 껴안을 준비가 안 된 어머니는 거의 과장에 가까운 불편한 기색으로 카메라를, 정원을, 실은 관객을 바라보며 묻는다. 죽음에 관한 한 우리가 남에게 기대할 수 있는 것이 무엇인가? 죽음은 철저히 자신의 것일 수밖에 없는가? 그렇게 죽는다면 죽어 사라지는 것은 도대체 무엇인가? 카메라를 바라보던 다림의 앳된 얼굴이 아직도 생생한데, 지금 정원은 무표정한 직업인의 가면을 쓰고 있다. 얼굴에 온통 주름이 잡힌 어머니가 건네는 물음이 그의 귀에도 들리는가?

일본 리메이크에서 이 장면은 히사토시가 술에 취해 파출소에서 오열하

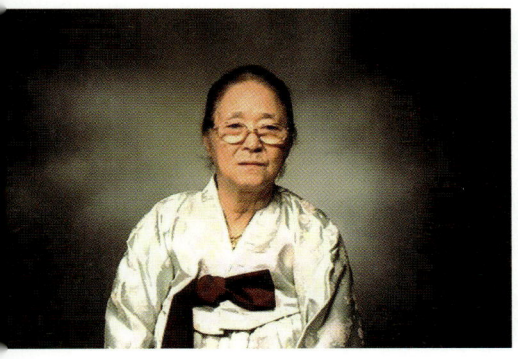

던 장면 다음에 나온다. 감정적으로 엄청 고조된 다음 장면이라 이 영화의 주제 부분이 시작되었다는 느낌은 약하다. 실제로 어머니의 표정도 비교적 차분하고 가족들도 어머니가 소외감을 느낄 만큼 별다르게 행동하지 않는다.

26)비오는 날 다림의 '천지우당탕' 사건

철길 건널목에 깊어가는 가을을 재촉하는 비가 오고 있다. 다림의 주차단속 차량이 나타난다. 오토바이 가게에서 비를 피하고 있던 정원이 우산을 들고 나타난 다림을 보자 반가와 한다. 다림도 정원을 보는 것이 반갑다. 투명한 비닐우산을 들고 정원에게 다가가는 다림의 하얀 블라우스가 티 하나 없이 깨끗하다.

"아저씨, 뭐 해요?"

"스쿠터 고칠라구. 잘 됐다. 나 사진관까지 좀 바래다주라."

"맨 입으로요?"

사진관까지 우산으로 좀 바래다 달라는 정원의 부탁에 다림이 못지않게 티 없이 그 대가로 술 사달라고 요구한다. 좁은 우산 속에서 서로의 얼굴이 코앞에 닿아 있는데도 다림은 전혀 개의하지 않고 정원의 눈을 직통으로 들여다보며 다시 한번 확인한다.

"정말요."

정원이 언제 올 거냐고 묻자 7시나 7시 반 쯤이 될 거라고 다림이 대답한다. 이미 다림의 얇은 블라우스가 비에 젖어 다림의 몸이 드러난다. 이제 무슨 일이 일어나려 하는가? 영화사 100년에 연기 미학적 맥락에서 가장 미묘하고 아름다운 우산 속 장면이 시작한다. 1분이 채 안 되는 시간 동안 한석규와 심은하의 또 하나의 환상적인 2인무, pas de deux. 그 절묘한 호흡과 하모니.

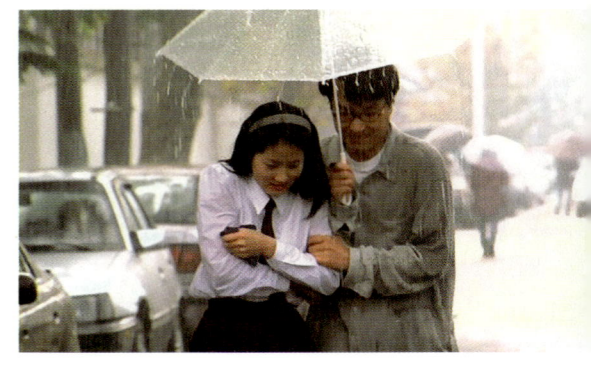

정원과 다림이 우산을 함께 받쳐 들고 카메라를 향해 천천히 걸어온다. 가로수의 단풍이 짙게 물들어가고 가을비는 은실처럼 내린다. 뿌연 빛 처리와 조용한 배경 음악이 함께 어우러져 엄청 서정적인 장면이다. 조금 전의 발랄한 분위기와는 달리 이제 다림은 무언가 조심스럽다. 막상 정원과 함께 우산을 받쳐 들고 가려 하니 다림에게 좁은 우산 속이 너무 친밀하게 느껴진 것이다. 터프한 다림이지만 남자와 이렇게 좁은 공간 속에서의 경험은 처음이다. 그러니 엉덩이가 자꾸 옆으로 빠지고 우산은 자꾸 정원 쪽으로만 간다. 어깨 한 쪽이 다 젖어 버린다. 정원이 그것을 눈치 채고 손수건을 건네준다. 다림은 그 손수건을 얼굴에 가져간다. 아, 정원의 체취. 좁은 우산 속. 정원은 그 손수건을 건네지 말았어야 했던가.

다림은 손수건을 가슴에 댄다. 이제 우산은 결정적으로 정원 쪽으로 넘어갔다. 그걸 보고 정원이 미소 지으며 우산을 다림 쪽으로 넘겨준다. 다림은 다시 한번 무의식적으로 손수건을 얼굴에 가져간다. 다시 정원의 체취. 다림은 거의 도망치듯 우산 밖으로 빠져 나간다. 정원이 비에 젖은 토끼만큼

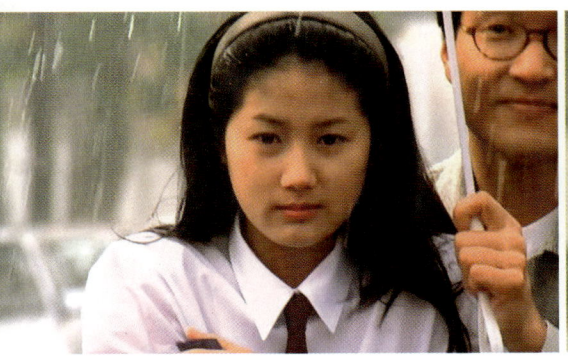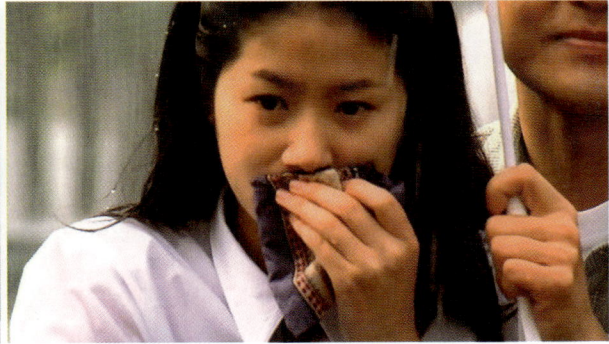

자그마해진 다림을 바깥 손으로 조심스럽게 잡아 우산 안쪽으로 부드럽게 끌어당긴다. 처음에는 안쪽 손으로 다림의 어깨를 감아 우산 안쪽으로 끌어들이려고 했던 것 같은데, 정원의 성격이 그렇게도 못 하고 또 그렇게 했다가는 다림이 100미터 달리기 선수처럼 도망쳐 버렸을지도 모르겠다. 그러나 정원의 조심스럽게 배려하는 그 작은 동작이 다림의 가슴 속에 '천지우당탕'의 해일을 몰고 와버린 것이다. 다림 속의 소녀가 아직 한 번도 경험해 보지 못한 엄청난 감정.

　이제 정원은 차분하게 다림의 허리를 팔로 감싸고, 앞에 고정된 카메라에 다가오는 다림의 얼굴이 점차로 클로즈업 된다. 다림이 한 번 더 정원의 손수건을 코끝으로 가져갔을 때 눈동자가 거의 파랗게 변해버린 다림의 얼굴이 화면을 가득 채운다. 연기자 심은하의 일생일대의 연기. 과연 다림은 이 감정을 해결하지 못한 채 이따 일 끝내고 술 사달라고 정원을 찾아올 수 있을 것인가?

　연기 미학적 관점에서 일본 리메이크는 한 마디로 무참하다. 히사토시는 주저 없이 팔로 유키코의 허리를 감싼다. 이 장면에서 오리지널과 리메이크의 상세감각의 차이가 징후적으로 들어난다. 카메라가 상당 부분 뒤에서 두 사람의 뒷모습을 잡고 있어서 특히 유키코의 역을 맡은 연기자는 주소가 있는 섬세한 연기의 기회마저 제대로 잡을 수가 없다. 이럴 때는 소도구로서 소녀적 마음을 드러내는 분홍빛 우산도 별로 도움이 되지 않는다. 게다가 두 사람 앞에서 우산을 쓰고 걸어가고 있는 인물은 전혀 빗속을 걸어가고 있는 느낌이 아니다. 작은 데서 성의 없음은 큰 데로 이어진다.

27) 할머니의 생명으로 죽음 껴안기

정원은 술 사달라고 찾아올 다림을 기다린다. 시간은 일곱 시 반을 벌써 훨씬 넘었다. 비는 줄기차게 내리고 정원은 「거리에서」를 흥얼거린다.

"거리에 가로등불이 하나둘씩 켜지고 검붉은 노을너머 또 하루가 저물 땐 왠지 모든 것이 꿈결 같아요. 유리에……"

노래가사처럼 또 다시 '유리에 비친 내 모습'이다. 정원은 유리에 비친 자신의 모습에서 무엇을 보는가? 저 모습이 나인가? 내가 죽을 때 죽는 것은 무엇인가? 왜 다림은 오지 않는가? 나는 다림에게서 무엇을 꿈꾸는가? 다림은 죽어가는 자의 기다림인가? 관객이 정원과 함께 다림을 기다릴 때 문소리가 난다. 정원의 얼굴이 밝아진다.

'아, 다림인가.'

아니, 그것은 다림이 아니었다. 그건 아까 가족 사진을 찍던 할머니였다. 곱게 화장을 하고, 고운 연분홍빛 한복을 입고 이제야 자신의 죽음을 생명으로 껴안으면서 정원을 찾아온 것이다. 그렇다. 그것이 그렇게 쉬운 것이 아니다. 「8월의 크리스마스」는 할머니에게 시간을 드렸다. 그 시간동안 정

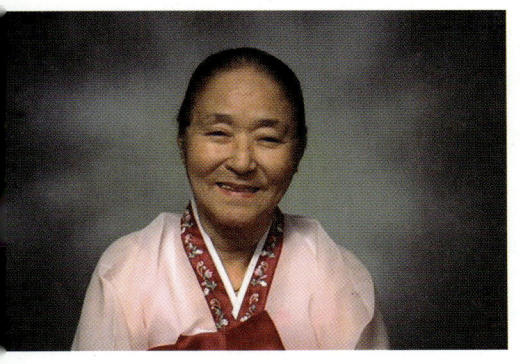

원은 다림과 2인무를 춘 것이다.

"이거 죽으면 내 제사상에 놓을 사진이야. 예쁘게 찍어줘야 해." 아들이 해줬다는 안경까지 벗어 버리고 그저 생노병사의 인간으로 자신의 죽음 앞에서 미소 지으며 서 있는 할머니의 모습.

"할머니, 젊으셨을 때 참 고우셨겠어요."

시간은 어디로 흐르는가? 「8월의 크리스마스」 주제 음악과 함께 흐르는 이 장면이 이 영화의 주제 부분이다.

"할머니, 한번 웃어보세요."

웃음으로 자신의 영정 사진을 찍는 할머니의 모습에서 잠깐 호흡을 멈춘 정원은 무슨 생각을 하는 걸까?

"할머니, 잠깐만요. 한 장만 더 찍을 게요."

영화의 러닝타임 정확하게 한 복판에서 정원은 삶과 죽음을 벗어난 저 너머로부터 메아리처럼 울리는 소식을 듣는다.

일본 리메이크에서는 가족사진 찍을 때나 다시 찾아 왔을 때나 죽음과 관계맺음에 대한 할머니의 변화가 별로 두드러지지 않는다. 결국 오지 못한 유키코를 기다리는 히사토시의 심리라 할까, 유키코가 선물로 가져 온 화분의 꽃이 진 모습을 잡으며 이 장면이 마무리 된다. 아무래도 일본 리메이크에서는 죽음보다는 사랑 이야기로 가닥 잡아간다.

28) 라그리마

그날 밤, 천둥과 번개를 동반한 비는 계속 내리는데, 정원은 잠을 이루지 못한다. 자신의 영정 사진이라며 미소 짓던 할머니의 모습에서 정원은 더 이상 자신의 죽음에서 비켜 서 있을 수가 없다. 그리고 다림. 술 사달라던 다림이 왜 아무 연락도 없이 오지 않았을까. 아버지 피시던 담뱃갑에서 담배 한 가치를 빼어 오랜만에 담배도 피어보지만, 기침만 나올 뿐 별로 도움이 되지 않는다. 정원의 두려움과 외로움. 순간적으로 스치고 지나가는 번개 불빛 속에서 정원은 그 두려움과 외로움을 무상한 삶의 조건처럼 바라본다. 밤이 한참 깊어 정원은 조용히 아버지 방에 들어가 주무시는 아버지 얼굴을 보다가 잠이 든다.

정원이 잠든 것이 분명해진 후에야 아버지의 목젖이 움직인다. 아들에게 부담을 줄까봐 참았던 침을 이제야 삼키는 아버지. 아들의 어려움을 옆에서 조용히 그대로 느끼고 계셨던 것이다. 그때 배경에 기타 음악이 흐른다. 스페인 작곡가 타레가Tarrega의 「라그리마Lagrima」. 번역하면 '눈물'이란 곡이다. 타레가가 아들을 잃은 슬픔에 작곡한 곡이라 한다. 우리 모두 슬픔을 느낄 수밖에 없지만 그 슬픔을 고요히 바라볼 수도 있다. 그렇게 보면 주무시는 역할 뿐이지만 이 장면은 아버지 역할을 맡은 연기자 신구를 위한 장면이다. 지금까지도 그랬고 앞으로도 그러겠지만 「8월의 크리스마스」에 등장하는 모든 주변 인물들의 연기가 군더더기 없이 적절하다.

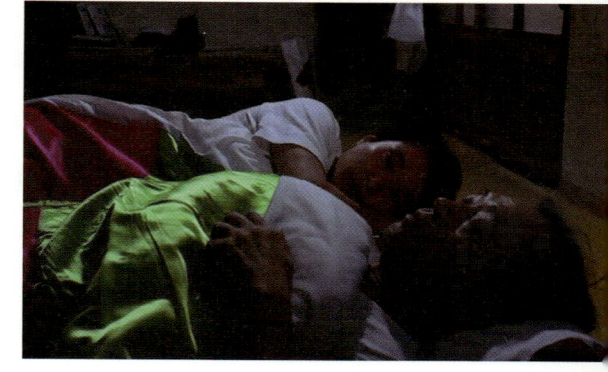

일본 리메이크에서 이 장면은 영

화 후반부에 유키코와 데이트를 하고 돌아와 잠 못드는 히사토시의 모습으로 짧게 처리된다.

29)다림의 깊은 한숨

초등학교 교정에 가을장마가 개이고 다시 햇빛이 화창하다. 점심시간, 다림이 초원사진관 앞에 나타난다. 기웃기웃 주저한다. 해일처럼 밀려 왔던 그 감정이 완전히 해결되지는 않은 모양이다. 거칠 것 없이 마음대로 할 수 있을 것 같았던 남자라는 존재의 어려움을 된통 경험하고 있다. 망설이다 살그머니 문을 열고 사진관 안으로 들어간다. 정원은 힘없이 소파에서 자고 있다. 몸이 많이 쇠약해지고 있음에 틀림없다. 옆에 놓인 안경을 치우면서 다림은 조심스럽게 정원의 곁에 앉는다. 자리를 치우느라 손에 들고 있던 정원의 안경을 들여다본다. 정원의 건강을 진단하듯? 정원의 마음을 들여다 보듯? 그 기척에 정원이 눈을 뜬다.

다림이 희미한 미소를 지으며 거부할 수 없는 예의 그 특유한 몸짓으로 정원에게 안경을 건넨다. 정원은 피곤한 속에서도 안경을 건네주는 다림을 보고 환하게 웃는다.

"아저씨."

"응."

정원의 무릎이 드러난 다림의 다리 쪽으로 반사적으로 움직인다. 정원을 바라보는 다림의 눈빛은 더 깊어졌는데 말투는 여전하다.

"아저씨 저번에 저 안 와서 삐졌죠?"

정원이 웃는다.

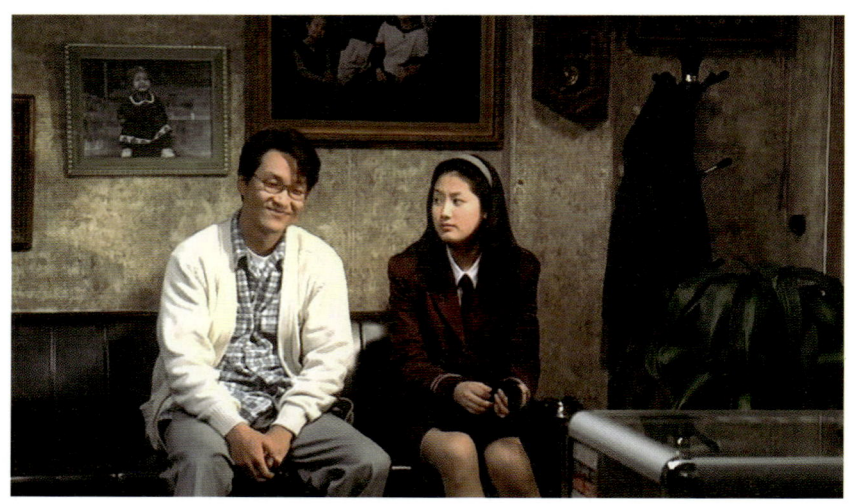

"아니 왜 안 왔어?"

"그냥요. 그냥 오기 싫어서 안 왔어요."

그냥 오기 싫어서 안 왔단다. 정원이 할 말을 놓치고 모든 것을 포용하는 고요한 미소를 띠자 다림은 그 깊은 눈빛으로 정원을 바라보다가 정원과 시선이 마주치자 얼른 시선을 돌린다.

"저 일하러 갈 게요."

점심 시간이 끝나간다. 일어나 깊은 한숨을 한번 쉬더니 그냥 나간다.

다림이 "나 들어가도 돼요?" 하며 두드린 사진관의 창문 너머로 힘없이 걸어가는 다림의 뒷모습이 잡힌다. 정원이 창가로 와서 그 모습을 한참 바라본다. 가을빛이 온기를 잃어가고, 목이 짧은 하얀 양말을 신은 다림의 안타까움이 정원에게 느껴진다. 심은하가 던지는 더 깊어진 다림의 눈빛이 인상적인 장면인데, 한석규의 무릎을 움직이는 연기가 미묘하다. 한석규는 수동적일 수밖에 없는 정원의 사랑 속에서도 억누를 수 없는 생명을 표현한다.

일본 리메이크에서 이 장면은 오로지 설명적이다. 유키코가 들어와 일하느라 고개를 숙이고 있는 히사토시에게 묻는다.

"화났구나."

"왜 안 왔어?"

"무서워서."

"나 무서워 할 필요 없는데."

이런 식이다. 유키코가 들어올 때 히사토시가 일하느라 바빠서 모른 척할 수도 있었겠고, 장난하느라 그랬을 수도 있었겠지만, 히사토시의 복잡한 심리 작용을 암시할 수도 있기 때문에 지금까지의 맥락에서 별로 적절하지 않다. 유키코의 두려움도 감정의 흐름을 타고 이해하기가 쉽지 않다.

30)친구들과의 이별

정원이 친구들과의 이별을 준비한다. 철구가 만든 자리이다. 낙엽이 쌓인 공원에서 감자, 고구마도 굽고 화투도 친다. 마지막으로 초원사진관에서 친구들과 함께 사진을 찍는다. 배경에 느리게 편곡한 「창문 너머 어렴풋이 옛 생각이 나겠지요」가 흐른다. 술이 취한 철구는 울음을 터뜨리기 일보 전이고 다른 친구들의 얼굴도 조용히 가라 앉아 있다. 그 중심에서 정원은 고요함을 잃지 않는다. 흔들리는 철구의 얼굴을 보고 다시 제안한다.

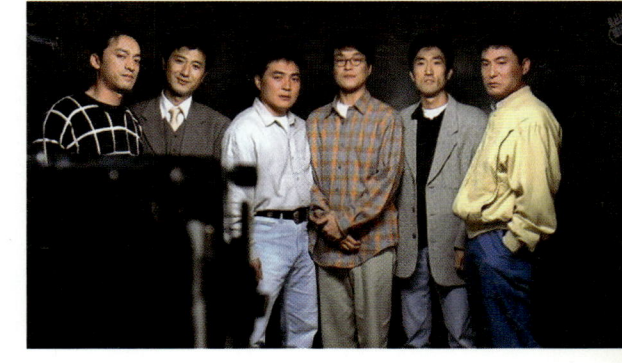

"다시 찍을까?"

자신의 죽음을 준비하는 정원의 느낌이 차분하다.

일본 리메이크에서 친구들도 더 많고 사진 찍는 분위기도 오로지 유쾌하다. 친구들이 다가오는 히사토시의 죽음을 모르는 느낌이다. 히사토시가 사진에는 별로 재주가 없었다는 등의 이야기도 들린다.

31)아버지에게 남기는 비디오 사용법

정원이 약을 먹는다. 설거지가 쌓여 있다. 자신이 죽으면 아버지가 하셔야 할 일이다. 설거지야 어떻게든 하시겠지만 아버지가 하실 수 없는 일이 있지 않겠는가. 설거지를 끝낸 정원이 마루에서 움직이는 기척을 느낀 아버지가 정원을 부른다. 정원이 방에 들어가니 아버지가 정원에게 비디오를 틀어달라고 부탁하신다.

"「지상에서 영원으로」야. 옛날에 니 에미하고 같이 봤어."

'아, 비디오 사용법을 가르쳐 드려야겠구나' 하고 정원이 생각한다.

"이렇게 채널 4번 누르시구요……"

그러나 기계에 관한 한 아버지는 생각보다 배우는 것이 느리시다. 어쩌면 사용법을 배우는 진정한 의미를 눈치 채신 걸까. 당황하시니 더 헷갈리신다. 정원이 답답한 마음에 짜증을 내고 일어나 문을 탕 닫고 나와 버린다. 리모콘과 비디오를 번갈아가며 바라보는 아버지의 얼굴이 입고 계신 줄무늬 잠옷 바지만큼이나 허전하다.

자기 방으로 돌아온 정원이 책상 앞에 앉는다. 책꽂이에 「미술과 사진」이라는 책이 보인다. 정원은 호흡을 가다듬다가 책상 위에 놓인 책을 책꽂이

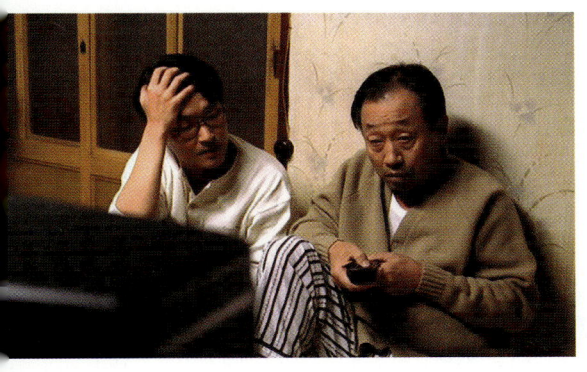

에 꽂고 A4 종이를 한 장 꺼내 비디오 사용법을 쓰기 시작한다.

1. 비디오 테잎을 넣는다(자동으로 플레이 됨)……

매직펜 슥슥거리는 소리와 함께 배경 음악이 조용하게 흐르고 이렇게 정원은 이승에서 아버지와의 이별을 준비한다. 이 장면은 영화사 100년에 이별을 준비하는 인상적인 장면 중의 하나일 것이다. 무엇보다도 이별에 대한 어떤 직접적인 대사 없이 관객과의 완벽한 소통을 성취한 장면이다.

일본 리메이크는 비디오 대신 DVD이고, A4 종이가 아닌 편지지다. 설거지 장면은 없고 히사토시의 안타까움은 더 직접적이다. "이 정도도 못 하시면 앞으로 어쩌실 거예요?" 대사가 직접적인 만큼 안타까움은 그만큼 더 희석된다.

32) 여전한 정원의 일상

앞에서 정원이 파출소에서 오열하는 장면 다음에 나온 다림의 일상 장면만큼이나 일상적인 정원의 삶의 모습이다. 집에서 쌀 씻고 출장 나가서 열심히 사진 찍는다. 죽음과 함께 하는 정원의 일상. 사실 우리의 일상이 늘 그 모습이겠지만 그래도 우리는 100년을 살 것처럼

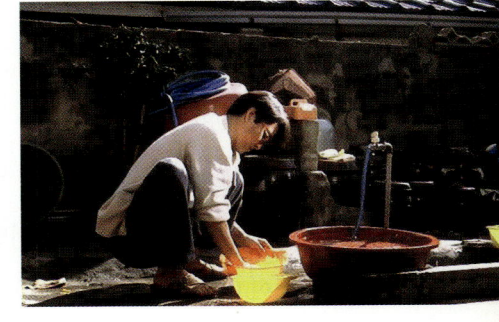

산다. 순간, 순간을 열심히 사는 정원. 쌀도 열심히 씻고 아무래도 질 것 같은 선수이지만 출장 나가 찍는 권투 선수의 모습에 사진사로서 최선을 다 한다.

일본 리메이크에 이 장면은 없다.

33)화장한 다림, 돌격하다

저녁 무렵 다림이 등장한다. 짧은 치마에 화장 했다. 다림은 드디어 해일처럼 밀려온 감정을 해결한 모양이다. 그렇다면 다림의 성격에 이제 주저 없이 돌격이다. 다림은 사진관 옆에 세워진 정원의 스쿠터 백미러를 통해 자신의 모습을 돌격을 앞 둔 병사처럼 다시 한번 확인한다. 지난번에 산 립스틱 색이 좀 야할 지도 모르지만, 이만 하면 됐다. 백미러를 통해 다림의 만족스러운 미소가 보인다.

사진관에 정원의 모습이 보이지 않는다. 다림이 조심스럽게 두리번거린다. 정원이 다락에서 무언가를 꺼내 들고 내려온다.

"안녕하세요?"

인사하는 모습은 아직 영락없이 고등학생이다. 정원이 다림의 모습을 보고 놀란다.

"화장했네."

"예."

말투도 어리다.

"예쁘다."

어른스럽게 화장은 했지만 고개를 돌리고 좋다고 웃을 때 다림의 어린 모습이 어쩔 수 없다. 그러나 고개를 다시 정원 쪽으로 드는 순간! 어린 여자가 어른스러운 척할 때 짓는 성숙한 표정이 완벽하게 떠오른다. 심은하 회심의 연기. 정원은 아직 상황을 제대로 파악하지 못하고 "커피 줄까, 아이스크림?" 따위의 이야기만 하고 있다. 다림은 쑥스럽게 웃으며 정원을 한번 바라보더니 화면 밖으로 사라진다. 정원이 묻는다.

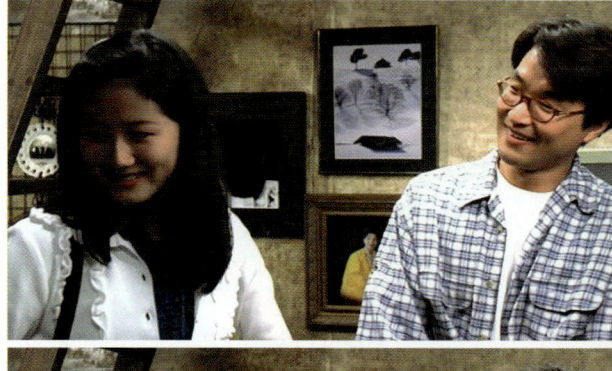

"어디가?"

어디가긴. 다림은 옆 구멍가게에서 맥주와 오징어 같은 안주를 사가지고 온다. 수사학적으로 '마이너스 디바이스minus-device', 쉽게 말

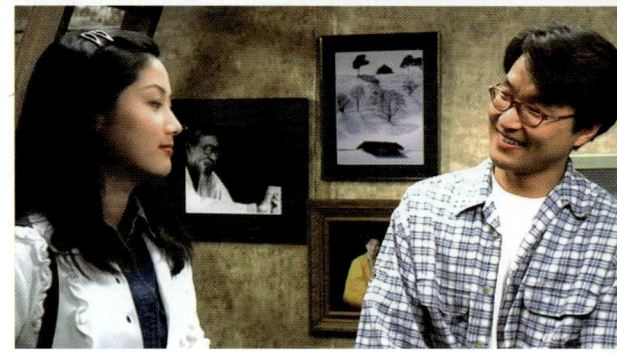

해 과정을 과감하게 생략하고 결과만 보여주는 기법이다. "어디가?"라는 질문에 바로 이어 화면을 채우는 맥주와 안주. 코믹한 리듬이다.

"다림이는 쉬는 날 뭐하니?"

"책두 보구. 그냥 그래요."

다림의 의도에 썩 좋은 질문이다. 다림은 정원의 눈치를 살핀다.

"아저씨는 뭐 해요?"

"난 그냥 잠자."

"에이, 하루 종일 잠만 자요?"

"아니 빨래도 하구, 그리고 다림질도 하구, 그리고 또 자구."

자기도 말 해 놓고 웃는다. 다림이도 따라 웃으며 고개를 끄떡이다가 맥주를 한 모금 마신다. 가슴에 걸린 듯 가슴을 한두 번 손으로 콩콩 치더니 이제 본론이다.

"내 친구도 일요일 날 굉장히 바쁜데."

"아니 친구가 뭐 하는데."

"어머, 내가 이야기 안 했나? 서울랜드에서 일하거든요. 언제든지 오면 공짜표 준다고 했는데, 근데……"

여기서 다림이 뜸을 들이고, 정원이 웃으며 묻는다.

"근데?"

"그냥, 그렇다구요. 언제 한번 가긴 가야겠는데 시간이 나야 말이지요."

사실 이게 본론이었는데 천연덕스런 표정이다.

이 장면은 다림이 짝짓기 대상으로 정원을 결심하고 거침없이 돌격하는 장면이다. 짧은 치마를 입고 정원 옆에 앉아 있는 다림의 드러난 다리가 두어 차례 창밖으로 지나가는 자동차 불빛에 관능적으로 빛난다. 맥주를 마시는 다림의 표정도 다림이 지을 수 있는 한도 내에서 도발적이다. 다림의 페이스에 정원이 자신도 모르게 말려들어가 '다림질'이라 해놓고 웃음으로 얼버무린다. 물론 우연이겠지만 '다림'이라는 이름에 '질'이 붙어 왠지 '삽질'이나 '펌프질' 등의 뉘앙스가 느껴지니까 말이다. 다림에게 "어디가?"라고 물을 때 다림의 따스한 체온이 그리운, 그렇지만 어딘지 모르게 돌봄이 필요한 아이 같은 정원의 느낌도 있다. 반면에 짝짓기 계절의 절정에 있는 다림의 관능은 거칠 것이 없다. 다림을 완전히 손에 쥐고 있는 심은하의 연기가 돋보이는 장면이다.

일본 리메이크에서 유키코의 치마는 땅콩껍질을 놓을 종이로 무릎을 가려야할 정도로 짧다. 히사토시가 묻는다.

"우리가 이러고 있는 걸 보고 남들이 이러쿵저러쿵 하는 거 아냐?"

"우리가 뭐 나쁜 짓 하나요?"

무언가 좀 더 노골적이기는 한데 전체적인 효과에서 다림의 저돌적인 '돌격 앞으로'의 느낌은 없다. 그냥 데이트를 향한 통과의례 정도?

34) 다림과의 처음이자 마지막 데이트

"시간이 나야 말이지요"에서 맛깔스런 마이너스 디바이스 하나 더. 화면은 그대로 가을 단풍이 짙게 물든 서울랜드의 청룡열차로 넘어간다. 다시 코믹한 느낌. 다림은 정원 옆에서 무섭다고 고함을 지르다가 정원의 손을 찾아 꼭 잡아 쥔다. 사실 별로 무서워 보이지도 않고 솔직히 정원의 손을 잡고 싶어서 청룡열차를 탄 것 같다. 하지만 정원은 다르다. 사실 상당히 힘에 겹다. 왜 그렇지 않겠는가. 청룡열차에서 내려 벤치에서 쉬고 있을 때 낙엽이 한 잎 떨어지고, 다림이 손에 아이스크림과 음료수를 사 들고 온다. 정원에게 아이스크림을 건넨다.

"어지럽다면서 이제 좀 괜찮아요?"

다림은 음료수를 건네기 전 음료수 캔에 묻은 먼지를 불어 날려 보내려다가 손수건을 꺼내 정성스럽게 닦는다. 캔을 따니 음료수가 한 방울 다림의 얼굴에 튄다. 온갖 정성을 기울이는 다림의 모습. 정원은 그 모습을 가만히 바라본다. 음료수는 파워 에이드Power Aid. 다림은 마치 몸 전체로 건네는 듯싶은 특유의 거부할 수 없는 몸짓으로 음료수를 정원에게 건넨다. 정원이 손에 들고 있는 아이스크림과 음료수를 바라보며 주저한다. 어떻게 아이스크림과 파워 에이드를 같이 마시지 하는 주저함 같지만 사실은 그게 아니다.

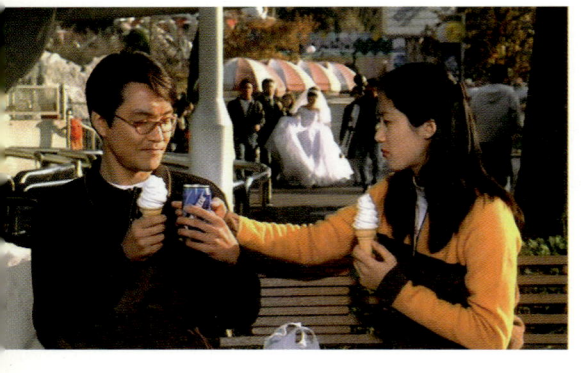

다림이 정원에게 한 뼘 더 다가앉으며 말한다.

"드세요."

정원과 다림이 앉아 있는 벤치 너머로 사진 찍으러 서울랜드에 온 웨딩드레스 차림의 신부가 다가온다. 그렇다. 지금 다림은 본격적으로 정원에게 청혼을 하고 있는 것이다. 정원은 그것을 눈치 채고 있었다. 웨딩드레스를 입은 신부는 점점 더 가깝게 다가오고 다림은 수줍게 웃으며 정원에게 좀 더 가깝게 다가앉는다. 정원이 조심스럽게 파워 에이드 한 모금 마신다. 다림이 그 모습을 보고 만족스럽게 웃으며 아이스크림을 한 입 먹는다.

정원과 다림은 정원의 초등학교 운동장에서 뛰고 논다. 사실은 다림만 열심이고 정원은 다림을 따라 뛰는 것이 힘들기만 하다. 파워 에이드도 도움이 되지 않는다. 처음부터 불가능한 관계였다. 정원도 그것을 알고 있었고, 그래서 문고리를 그렇게 야무지게 고쳤던 것이다. 그렇지만 다림은 막무가내로 정원에게 다가오더니 이렇게 혼자 즐겁다.

"뭐 해요?"

"빨리 뛰어요."

애를 쓰다가 결국 정원은 다림의 뒤에서 비틀거린다. 이렇게 계속 될 수는 없다.

뛰느라 땀이 난 두 사람이 공중목욕탕으로 간다. 정원이 먼저 나와 다림을 기다린다. 손에는 다림과 나눠 먹으려고 귤을 두개 사서 쥐고 있다. 다림이 나온다.

"벌써 나오셨네. 남자가 빠르긴 빠르구나."

채 말리지 못한 머리에서 비누냄새가 난다. 정원은 한 순간 넋이 나간다. 다림과 눈이 마주치자 버벅거리며 말한다.

"너, 이거 먹을래?"

"귤 샀어요?"

귤이 정말 반갑다.

"하나만 샀어요? 두 개?!"

그러고는 여자가 남자에게서 어떤 거리도 느끼지 않을 때 짓는 표정을 짓는다.

"아이 참."

어처구니없다는 표정을 정스럽게 지으며 다림은 귤을 더 사러간다.

"아니 어디가니?"

제 정신을 차린 정원은 일정 거리를 유지하며 다림을 따라간다.

한 순간 넋이 나간 정원과 다시 거리를 유지하려는 정원의 모습을 한석규는 관객이 거의 눈치 채지 못할 정도로 차분하게 연기한다. 사실 정원이 그렇게 차분하니 연기자로서 한석규가 과장하기도 어렵다. 관객과의 소통이라는 맥락에서 연기 미학적 딜레마라고도 할 수 있다. 그 차분함의 딜레마는 이제 곧 되풀이된다.

어느새 어둠이 짙게 내렸다. 정원은 다림을 집에까지 바래다준다. 어두워지자 다림은 정원의 곁에서 소녀 같은 모습이 되었다. 정원은 혹시 다림이 무서워할까봐 열심히 무슨 이야기인가 하는 중이다. 그런데 하필 그것이 군대시절 방귀귀신 이야기다. 다림은 열중해서 이야기하는 정원이 사랑스럽다. 정원과 팔짱을 끼고 싶다. 드디어 참지 못하고 다림은 정원의 팔을 잡는다. 놀라 바라보는 정원에게 보조개가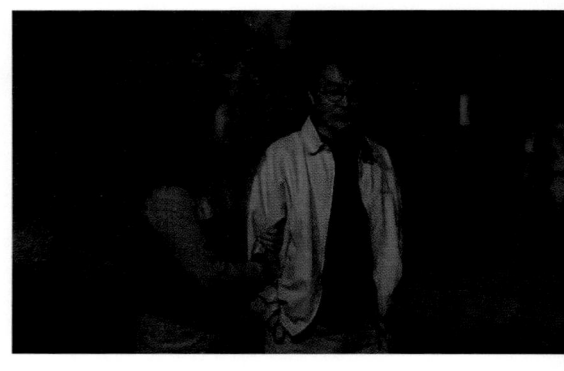
눈부신 미소를 짓는다. 그 모습에 정
원은 그만 속절없이 남자가 되어 버린
다. 그렇게 문고리 단속을 했고, 그렇
게 철저하게 거리를 유지했건만, 지금
정확하게 10초 동안 정원은 이야기를
계속하지 못하고 거리를 놓쳐 버렸다.

관객 중 얼마가 그 안타까운 10초를 파악할 수 있었을 것인가. 관객과의 소
통이라는 맥락에서 연기 미학적 딜레마. 정원은 다시 한 순간 넋이 나간 것
이다. 사실 정원으로서도 그럴 수밖에 없다. 다림은 팔짱을 낄 때 마치 온 몸
을 던지는 것처럼 팔짱을 낀다. 그것이 다림이다. 그 다림의 무게를 정원이
느낄 수밖에 없다. 심은하는 이렇게 다림의 역을 온전하게 손에 쥐고 있다.
그런데 얼마나 많은 관객이 그 무게를 느낄 수 있는가? 약간 과장같이 들릴
지는 모르지만, 초등학교부터 연기 감상이라는 교과 과정이 필요한 것은 아
닌가?

　"내무반에서 자려고 그러는데…… 그러는데……"

　"근데요?"

　영문을 모르는 것일까? 아니면 회심의 미소를 짓는가? 다림이 재촉한다.
그제서야 정원은 정신을 차리고 다시 놓쳤던 거리를 유지한다. 애인의 죽음
을 슬퍼한 병사가 자살을 했는데 그 병사가 평소에 방귀를 잘 뀌어서 나중
에 귀신이 되어서도 방귀 귀신이 되었다는 웃기지만 무서운 이야기를 듣고
다림이 말한다.

　"웃긴다."

정원이 미소 짓는다.

"웃겨?"

"근데 무서워요."

정원이 동의한다.

"그래."

이 지점에서 동의하는 한석규의 연기가 좀 어색하다. 어쩌면 정원이 어색한 것일 수도 있다. 다림의 집에 바래다주는 길에 하필 귀신 이야기를 꺼낸 자신을 의식했을 수도 있기 때문이다. 사실 그것을 의식하고 이야기를 마무리할 때 "그 병사가 평소에 방귀를 잘 꿨단다" 하고 약간 코믹한 어투로 말했어도 말이다.

정원이 무섭다는 자신의 반응에 동의하자 다림은 기회를 놓치지 않고 특유의 순발력으로 말한다.

"어떡해요? 나 내일부터 무서워서 이 길 어떻게 다녀요?"

다림이야 내심 내일부터 정원과 함께 이 길을 팔짱끼고 다닐 생각을 하고 있겠지만, "아저씨도 귀신 무섭지요? 냄새까지 맡았는데"라는 다림의 질문에 정원의 마음은 복잡하다.

"뭐 어떤 때에는 무섭다가두, 하지만 하나도 안 무서워. 결국 사람이 죽어서 귀신 되는 게 아니니? 다림이도 그렇구, 나도 그렇구."

여기서 한석규의 연기가 절묘하다. 사실은 이 이야기가 하고 싶었던 것일 게고, 정원의 말투에는 어린 아이가 가끔 보이는 자기 설득적인 느낌도 좀 있지만, 그 보다는 죽음을 껴안는 따스한 느낌이 더 강하다.

"그래, 아저씨 얘기 들어 보니까 그렇구 그렇다. 근데 귀신이 방귀도 뀌나?"

"방귀? 뀔 수도 있지."

"너무 신기하다."

정원이 웃고 다림이 따라 웃는다. 두 사람의 뒷모습이 점점 멀어져가고 저 만큼에서 마음을 놓아버리는 듯 싶은 정원의 한숨소리가 들린다. 밤이 내린 골목길 가로등 아래 흐드러진 낙엽을 밟으며, 두 사람의 데이트도 이렇게 저물어간다. 이것이 두 사람의 처음이자 마지막 데이트. 이제 다림은 이승에서 정원을 더 이상 보지 못한다. 물론 우리가 '육체'라고 부르는 현실적 차원에서 말이다.

일본 리메이크에서 유키코의 헤어스타일이 코믹하고, 히사토시의 고소공포증이나 아이스크림과 음료수의 콤비네이션도 코믹하게 처리된다. 놀이공원의 분위기는 한 마디로 로맨틱 코미디적이다. 반면에 정원이 즐겨 찾는 마을 뒷산에 올라갈 때 경주하자는 체육 선생님 유키코를 따라가지 못하는 히사토시의 체력적 허약함은 초등학교 운동장을 달리는 오리지널보다 설득력이 있다.

"멋진 경치네요."

"겨울은 더 좋아. 눈이 있을 때 아무도 없어서 제일 좋아하는 곳이야."

"그럼 이번 겨울에 또 와요."

"안 돼. 이젠 못 와."

"왜요?"

"이 체력으로 눈 속을 오르는 건 좀……"

히사토시가 농담처럼 웃고 유키코가 따라 웃으며 말한다.

"그러네요."

유키코는 히사토시 얼굴에 스며들어온 슬픔을 보지 못한다. 모든 것이 만족스러운 유키코가 일어나 "야호!"를 외친다.

"나 말이에요. 아저씨하고 있으면 등을 펴도 된다는 기분이 돼요. 뭐랄까. 자신감이 생겨요."

히사토시의 얼굴이 편안해진다. 일본 리메이크의 핵심적인 주제 부분은 누구라도 쉽게 살펴 볼 수 있는 이 부분이라는 생각이 든다. 그러나 아쉽게도 유키코가 팔짱을 끼는 순간 히사토시의 숨 막히는 침묵의 순간은 없다.

35)창가에 서서 정원의 숨죽인 오열을 듣는 아버지

정원과 누이가 병원에서 나온다. 누이는 정원의 뒤에서 온 몸의 힘이 빠져 있다. 정원의 몸 상태가 급격하게 나빠진 것이다. 사진관에 돌아온 정원은 바삐 최신 기자재의 작동법을 폴라로이드 카메라의 사진과 함께 A4 용지에 준비한다. 자신이 죽으면 아버지가 이 사진관을 운영하셔야 하기 때문이다. 비디오 정도의 현대적인 기자재도 제대로 못 다루시는 아버지가 아닌가. 정성을 다해 작동법을 준비하는 정원의 얼굴에 죽음이 짙게 드리워져 있다.

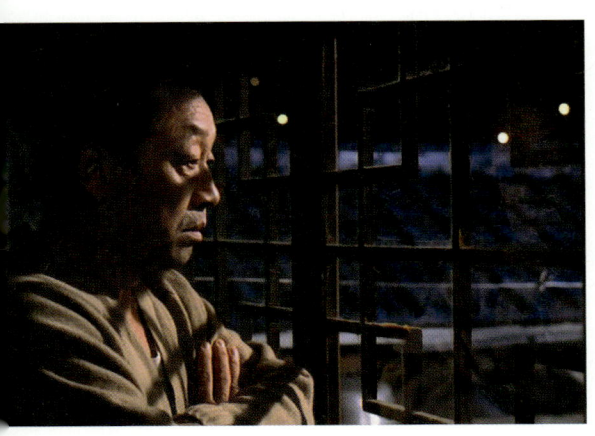

그날 밤, 정원은 방에서 이불을 머리까지 올리고 숨죽여 오열한다. 밖에서 들으시던 아버지가 방문을 열려다 멈춘다. 지금 들어가서 무슨 말로 정원을 위로할 것인가. 아버지는 창가에 서서 정원의 숨죽인 오열을 그저 듣는다. 시인 황금찬의 「너의 창에 불이 꺼지고」라는 제목의 시가 떠오른다. 여기 그 시를 찾아 옮긴다.

너의 창에 불이 꺼지고

밤하늘의 별빛만

네 눈빛처럼 박혀 있구나.

새벽녘 너의 창 앞을 지날라치면

언제나 애처롭게 들리던

너의 앓음소리

그 소리도 이젠 들리지 않는다.

그 어느 땐가

네가 건강한 날을 향유하였을 때

그 창 앞에서 마리아 칼라스가 부르는

나비부인 중의 어떤 개인 날이

조용히 들리기도 했었다.

네가 그 창 앞에서 마지막 숨을 걷어갈 때

한 개의 유성이 긴 꼬리를 끌고 창 저쪽으로 흘러갔다.

다 잠든 밤 내 홀로 네 창 앞에 서서

네 이름을 불러본다.

애리야! 애리야! 애리야!

하고 부르는 소리만 들려올 뿐

대답이 없구나.

네가 죽은 것이 아니다.

진정 너의 창이 잠들었구나.

네 창 앞에서

이런 생각을 해보나

모두 부질없구나.

연기자 신구의 얼굴 위로 황금찬 시인의 모습이 겹쳐진다. 아들방의 문고리를 잡았다가 놓는 아버지의 모습이 실루엣으로 보여진 것도 효과적이다. 우리 삶의 모든 번뇌와 괴로움 앞에서 우리는 어떤 소식을 기대할 수 있는가? 뒤로 물러서는 연기가 때로는 강력하게 앞으로 나오기도 하는 법이다.

일본 리메이크에서 잠 못드는 히사토시의 모습이 짧게 비춘다. 다음날 병원 장면이다. 누이가 어두운 얼굴로 약봉지를 든 히사토시 뒤를 따라 병원에서 나온다. 사진관에 돌아와 아버지를 위해 남기는 기자재 작동법에도 히사토시는 편지지를 쓴다. 유키코의 꽃은 여전히 중요한 소도구이다. 집에 돌아오니 아버지가 누이의 전화를 받고 히사토시의 상태에 대한 병원 측의 이야기를 전해 듣고 있는 중이다. 심란해진 히사토시가 다시 나간다.

동네를 산보하다 보니 걸음은 자기도 모르는 사이에 유키코의 집 쪽이다. 망설이다가 돌아서는 순간 유키코의 목소리가 들린다. 군고구마를 사는 중이다. 히사토시를 보고 놀란다. 반갑게 웃으며 히사토시에게 다가온다. 유키코는 히사토시의 얼굴에서 보통 때와는 다른 어두운 기척을 느낀다. 얼른 얼굴을 수습하는 히사토시에게 손난로 대신이라며 군고구마 봉지를 건넨다. 히사토시의 손이 군고구마 봉지를 건네는 유키코의 손을 한 순간 덮는다.

"진짜네. 고마워."

그러고는 그대로 돌아서서 봉지를 소중하게 품고 가는 히사토시의 뒷모습을 유키코가 한참 바라본다.

이 장면은 오리지널에는 없는 장면이다. 두 사람이 만나는 장면이 좀 너무 조작적으로 느껴지지만, 유키코의 따스한 체취가 그리운 히사토시의 마음을 이해할 수 있다. 하지만 흐름의 맥락에서 좀 어긋난 느낌이라 연기자들이 자연스럽게 연기하기에는 버거운 장면이다. 집에 돌아와 히사토시는 이불을 덮고 숨죽여 오열한다. 유키코와의 헤어짐에 대한 안타까움이 오리지널보다 좀 더 강하다.

36)그래서 이 사람이……

일을 끝낸 다림이 정원의 사진관을 향해 가방을 돌리며 전속력으로 달려온다. 정원과 지난밤처럼 팔짱 끼고 집에 갈 생각이다. 사진관 앞에서 설레는 마음으로 호흡을 가다듬는다. 얼굴에는 참을 수 없이 행복한 웃음이 한가득이다. 코너를 돌아선 순간, 초원사진관의 불이 꺼져 있음을 눈치 챈다. 엄청 실망한 다림. 집에 가는 버스가 왔지만, 도저히 이대로 집에 갈 기분이 아니다. 동료 언니의 자취방을 찾는다. 다림은 지금 정원과 살림 차릴 생각에 분주하다.

"언니, 이런 방 얻으려면 얼마나 있어야 해?"

졸린 동료 언니가 잠을 청하는 데에도 아랑곳없이 다림은 정원이 해준 방귀 귀신 이야기를 들려준다. 도저히 참을 수 웃음이 입가에 감돈다.

"어떤 사람이 군대에서 자기 졸병하고 보초를 서고 있었대. 그런데 갑자기 방귀냄새가 나더래. 그래서 이 사람이 졸병한테 너 방귀 꿨지 그랬대. 그랬더니 이 졸병이 아녜요, 형, 저 방귀 안 꿨어요 그러더란다."

여기까지 하고 동료 언니를 확인한다. 이미 잠들었다. 그래도 다림은 꿈을

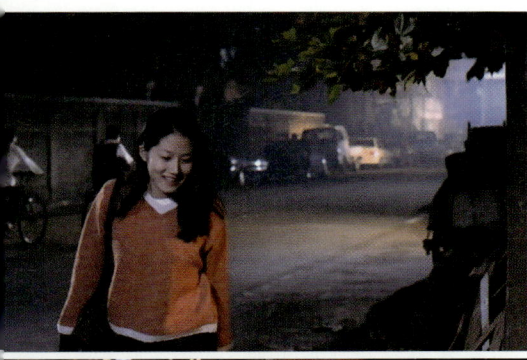

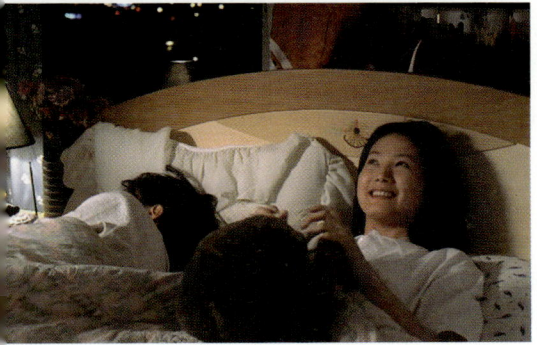

꾸는 아련한 눈을 하고 계속 이야기 한다.

"그래서 이 사람이……"

군대에서 선임한테 '형' 그러는 법은 절대 없겠지만, 이 장면에서 다림이 두 번에 걸쳐 '이 사람이' 할 때의 뉘앙스를 들어보라. 그 뉘앙스가 이 장면의 핵심이다. 심은하의 연기는 그 뉘앙스에서 아주 적절하다.

정원은 구급차로 응급실로 실려 간다. 이제 입원해야 한다. 홀로 남은 아버지는 벽에 몸을 의지한다. 다림은 아무 것도 모르고 있다.

일본 리메이크에서 유키코의 설레임은 있지만, 다림이 '이 사람이' 할 때의 언어적 설레임은 느껴지지 않는다. 이 것이 오리지널에 대한 리메이크의 핸디캡이다.

37)다림, 정원이 야무지게 고친 문 틈 사이로 사랑의 편지를 끼워넣다

다림의 직장에서 남자 동료 중에 다림에게 관심을 보이는 남자가 있다. 가끔 다림의 단속 차량을 운전하기도 하는 동료인데, 인상이 성실해 보인다. 이제 다림이 의식할 수 있을 정도로 다림에게 접근한다.

"떠나기 전에 술 한 잔 해야죠."

다림은 곧 어디론가 파견 근무를 나가기로 되어 있다. 파견 근무를 나가게 되면 지금처럼 정원을 가깝게 볼 수 없다. 다림에게는 정원의 부재가 안타깝다. 도대체 이 사람은 지금 어디서 무얼 하는 걸까. 다림은 문 잠긴 초원사진관 앞을 서성인다. 흐린 가을 날씨에 메마른 낙엽이 흩어지고, 초원사진관 옆에서 생각에 잠긴 다림의 모습이 영상적으로 세련된 장면이다. 사실 지금까지 다림의 역할로 보면 좀 너무 지나치게 세련된 장면이라는 느낌도 있지만, 사랑의 감정이 깊어지면서 성숙해져가는 다림으로 볼 수도 있다. 밤에 다림은 정원에게 사랑의 편지를 쓴다.

겨울을 재촉하는 비가 내린다. 주차단속 차량이 초원사진관 앞을 지나간다. 머리를 단정하게 여민 다림이 고개를 돌려 사진관 안을 살핀다. 확실히 성숙해진 느낌이다. 몇 미터인가 지났을 때 다림이 결심한다.

"차 좀 잠깐 세워 주세요."

다림은 정원이 야무지게 고친 문 틈 사이로 어제 밤에 쓴 사랑의 편지를 소중하게 끼워 넣는다. 정원이 활짝 열린 자신의 마음을 들여다 볼 생각을

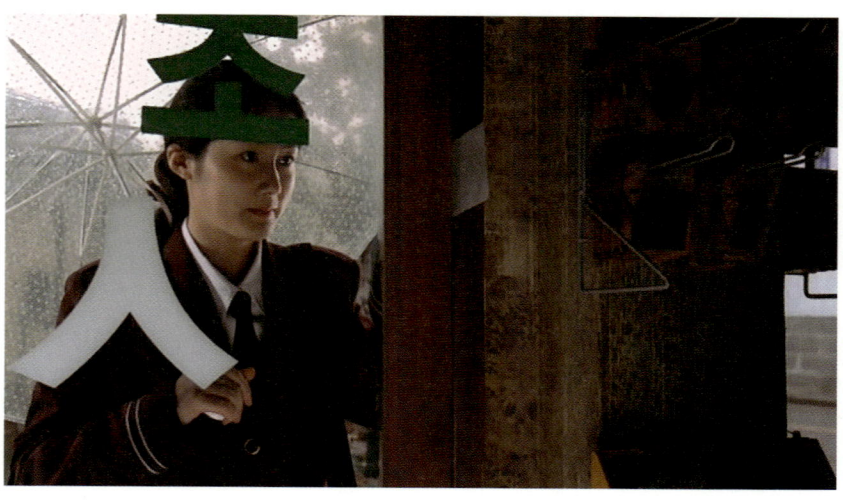

하니 부끄럽고도 설레는 다림의 얼굴.

정원은 병원에 있다. 저녁을 먹다 남긴다. 시중들던 누이가 치우려하자 단호한 얼굴로 남은 밥을 국에 말아 다 먹는다. 누이가 당황할 정도로 단호하다.

"정숙아, 나 물 좀 줘."

정원은 살고 싶다. 우리 마음에 그렇게 깊게 뿌리 내리고 있는 내 생명과 내 것에 대한 집착. 그렇게 놓아버리기 힘든 것. 과일을 깎던 누이가 정원을 물끄러미 바라본다. 누이는 정원이 중생衆生으로서 통과하고 있는 싸움 너머를 볼 수 있는가? 그 안타까움이 절실한 만큼 그 너머를 보고 싶은 마음도 절실하지 않겠는가? 그런데 그 집착은 도대체 누구의 것인가? 밥을 국에라도 말아 다 먹어 버리려는 정원의 모습이 우리의 모습처럼 익숙하면서도 생소하다. 한석규는 지금 의식적으로 그 생소함을 연기하고 있는가? 아니면 차라리 관습적 연기인가? 일본 리메이크에서 유키코의 물 수업 장면은 이 장면에서 영감 받았을지도 모른다. 그러니까 "나 물 좀 줘"는 불생불멸이라는 주제의 계기를 이루는 한 지점이다.

약간 과장하고 있는 느낌도 없지는 않지만, 심은하가 사랑으로 성숙해져 가는 다림을 연기할 때 한석규는 생명으로 죽음을 껴안기 위해 일대 싸움을 벌이고 있는 정원을 연기한다. 그렇다면 「8월의 크리스마스」는 멜로나 일상적 리얼리즘이라기보다는 히어로와 히로인의 낭만적 서사시라 할 수도 있다. 그 히어로가 평범한 사진관 주인이고, 그 히로인이 평범한 주차단속원이라도 말이다.

일본 리메이크에서 유키코가 편지를 끼워넣기 전 문고리를 한번 잡아 돌려보는 상세감각이 적절하다. 반면에 편지는 너무 쉽게 들어간다. 히사토시가 문고리를 단속하지 않은 것이다. 유키코의 모습도 이전과 별 차이가 없다. 사실 유키코를 히사토시의 상대역이라는 역할을 넘어서서 살아있는 인물로 느끼기가 쉽지 않다. 남은 밥을 다 먹으려는 히사토시의 모습은 어딘가 어린아이 같다. 이런 의미에서 연기 미학적으로 히사토시의 성격 구축은 일관적인 데가 있다.

38)다림의 아픔

다림은 정원의 부재가, 정원의 무관심이 아프다. 어쩌면 이리 무심할 수 있단 말인가. 뭐라도 소식 한 글자 있을 법 하지 않은가. 다림의 편지는 여전히 문틈에 꽂혀 있다. 야속하다. 다림은 일 끝내고 집에 가는 길에 사진관에 들러 자신의 편지를 다시 빼가려 한다. 정말 빼가고 싶

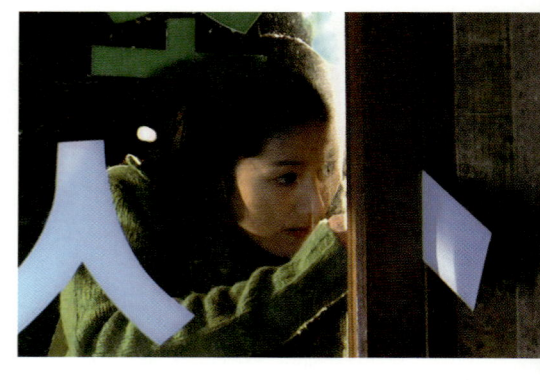

었을까? 편지는 사진관 안쪽으로 떨어진다. 그리고 다림의 표정. 편지를 끼워 넣을 때의 표정과 편지를 빼가려 애쓸 때 표정. 사랑과 사랑의 아픔으로 인해 성숙해져가는 다림. 연기자로서 심은하의 존재감이 확실하다.

일본 리메이크는 평범하다.

39)정원, 다림의 꿈을 꾸다

다림이 등장하는 장면에서 배경에 깔리는 다림의 테마가 잠들어 있는 정

원의 모습으로 자연스럽게 연결된다. 자고 있는 정원이 미소 짓는다. 지금 정원은 다림의 꿈을 꾸고 있는 중이다. 화면에 떠오르진 않지만 정원이 다림의 사진을 찍어 줄 때 다림이 무장해제하고 웃었던 웃음. 지금 정원은 그 모습을 꿈꾸고 있다.

배경 음악이 멈추는 순간 정원이 눈을 뜬다. 옆에서 간병하던 누이가 묻는다.

"오빠 깼어? 아프진 않지?"

아직 현실로 돌아오지 못한 정원의 시선이 잠깐 먼 곳을 보고 있다가 곧

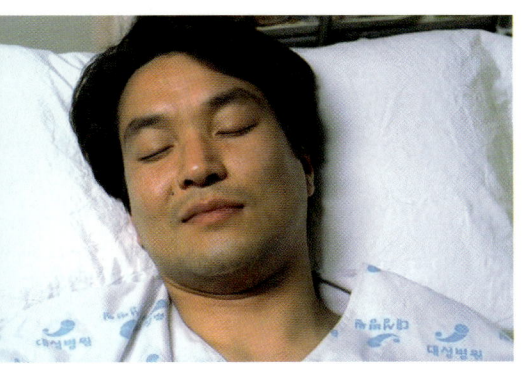

누이를 알아보고 미소 짓는다. 아프지 않을 리가 있겠는가. 그러나 이제 정원이 누이를 보고 짓는 표정이 자애롭다. 몸이 회복될 가능성이 없다는 사실을 이제 정원은 받아들였다. 몸의 고통이 사라지지는 않겠지만, 고통으로 인한 마음의 집착에서 자유로울 수는 있지 않겠는가. 그 자유가 불생불멸의 소식이 아닌가. 우리의 일상을 사로잡고 있는 죽음이라는 관념으로부터의 자유. 생명과 죽음이 둘이 아니라는, 모든 이분법이 하나로 돌아가는 껴안음.

누이가 일어나는 정원을 부축하며 묻는다.

"꿈꿨어? 여자 꿈이구나."

예리하다. 정원은 무덤덤한 얼굴로 긍정도 부정도 아닌 웃음을 웃는다. 그 웃음에 마음이 가벼워진 누이가 농담처럼 묻는다.

"아유, 어떻게 찾아오는 여자가 한 명 없냐?"

평정심의 안경을 찾아 쓰는 정원을 보던 누이의 물음이 진지해진다.

"누구 오라 그럴 사람 없어?"

안경을 쓴 정원은 먼 데를 바라본다.

"됐어. 보고 싶은 사람 없어."

얼마나 보고 싶을까. 정원의 착함과 배려가 삶과 죽음의 관념적 구분을 희미하게 하고 죽음 너머의 소식을 전해준다. 적어도 나의 죽음이 주위에 생명이 되어야 하지 않겠는가. 정원의 시선을 누이가 따라가지는 못한다.

일본 리메이크에서 히사토시는 "없어. 안 부르는 게 좋아"라고 말한다. 누이의 표정처럼 여전히 현실적인 차원에서 안타까움이 지배적이다.

40)다림, 유리창에 돌을 던져 깨다

다림이 직장 동료들과 함께 클럽에서 춤추고 있다. 흔연한 척 하지만 더 이상 견디지 못한다. 화장실에 가 거울에 비친 자신의 얼굴을 보다가 운다. 휴지로 코를 냅다 풀면서 울다가 그 휴지로 눈물을 닦는다. 지금까지 영화에서 이렇게 자연스러우면서도 품위 있게 우는 여자를 본 적이 있는가? 심

은하는 다림이라는 자신의 역할을 이렇게 진화시켜 나간다. 코 푼 휴지로 눈물 닦는 여자. 씨름꾼처럼 허리의 샅바를 추스르는 자세를 순간적으로 취한 후 기세 좋게 휴지 한 장을 다시 뜯어낸다. 그 풀뿌리적인 것 속에 사랑이라는 이름으로 보석처럼 반짝거

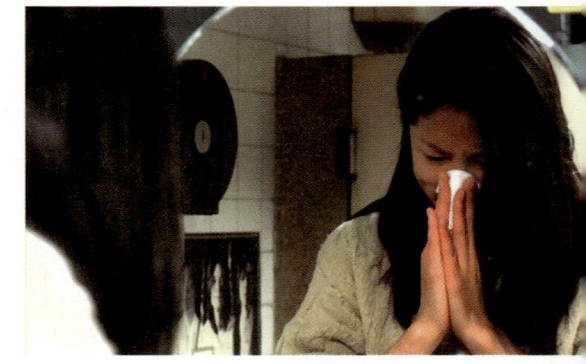

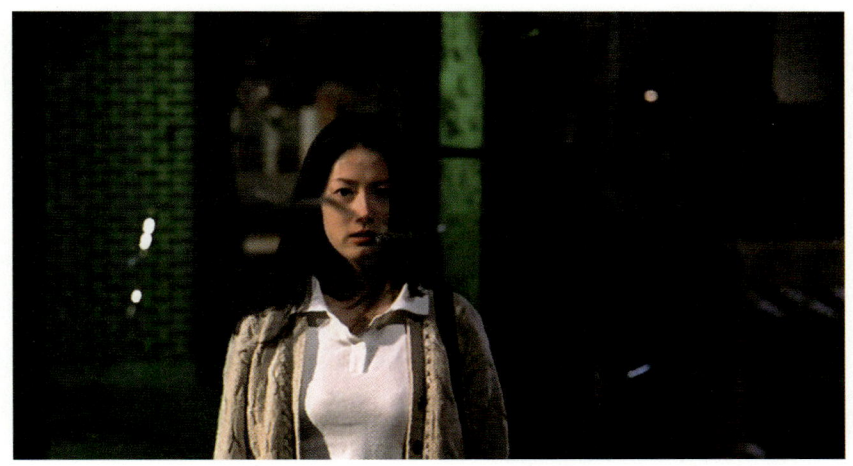

리는 품격. 연기자 심은하의 머리 위로 또 하나의 북극성이 뜬다.

불 꺼진 초원사진관 앞. 다림이 나타난다. 두 번이나 들어가도 돼냐고 두드렸던 유리창. 다림이 오던 길로 사라진다. 얼마나 큰 돌을 찾으려는 걸까. 한참 시간이 지난 후 다시 등장한 다림이 주저 없이 그 유리창에 돌을 던진다.

"쨍그랑."

깨진 유리창 너머로 다림의 얼굴이 분노에서 체념으로 바뀐다. 다림이 가슴 밑바닥에서부터 올라오는 한숨을 쉰다. 이제 다림은 사랑의 아픔을 넘어섰다.

정원이 생명으로 죽음을 껴안고 있을 때 다림은 놓아버림으로 사랑의 아픔을 껴안는다. 물론 유리창에 돌 던지기라는 너무나 다림적으로 터프한 과정을 거치기는 하지만 말이다. 초월적 차원에서든 세속적 차원에서든 놀라운 구성이면서 연기자로서는 도전적인 역할이다. 한석규와 심은하는 상세 감각과 함께 자신들의 역할을 적절하게 표현한다. 전체적으로 주소가 분명한 연기를 하고 있다.

일본 리메이크에서 이 장면은 너무 조형적이다. 유키코는 코를 풀거나 하지 않는다. 돌을 던질 때에도 별로 충동적인 느낌이 아니다. 그렇지만 돌을 던질 때 유키코는 사진관 안에 걸려 있는 시계를 향해 그대로 던진다. 다행이 돌이 중간에 떨어져서 망정이지 돌을 던지는 방향은 막무가내이다. 다림은 아무리 화가 났어도 일단 방향을 비스듬히 돌을 던진다. 그게 다림이다. 그렇게 현실적이다. 돌을 던진 후 유키코의 표정에는 변화가 없다. 한 마디로 영화 속에서 유키코는 단지 역할로서 존재할 뿐이다. 이 세상에 살아있는 어떤 것도 그렇게 변화가 없을 수가 없다.

41) 정원, 다림에게 편지를 쓰다

이제 더 이상 병원에 있을 의미가 없는 정원은 마지막으로 주변을 정리하기 위해 퇴원한다. 어느새 겨울이 성큼 다가와 있다. 정원은 사진관에 와 깨진 창문을 본다. 테이프로 대충 보수해 놓은 창문. 정원의 마음.

데스크에는 확대경이 놓여 있다. 아버지가 조금씩 일을 시작하셨는가? 정원은 다림의 편지를 읽는다. 시계는 4시를 치고, 편지를 읽는 정원 뒤 벽에 걸려 있던 아이와 부부의 단란한 가족 사진이 다림이 던진 돌에 깨져버렸는지, 그 자리에 새로운 사진이 걸려 있다. 편지를 읽는 정원의 입가에 희미한 미소가 뜬다.

정원은 집에 와 쓴지 오래 되어 보이는 만년필을 꺼낸다. 오래 전 지원이에게 편지 보낼 때나 썼을까? 그 만년필을 깨끗이 씻는다. 다시 사진관에 와 그 만년필로 다림에게 편지를 쓴다. 우리는 그 편지의 한 구절만을 영화의 마지막 장면에서 정원의 나레이션으로 들을 수 있을 뿐이다. 다림과 정원의 편지 내용을 재구성해볼 수 있겠는가? 「8월의 크리스마스」는 시인 황동규의 「즐거운 편지」라는 시에 영감을 받아 처음에는 「편지」라는 제목으로 작업이 시작된 것으로 알고 있다. 비슷한 시기에 먼저 개봉된 영화 중에 우연히 「편지」라는 제목의 영화가 있어 「8월의 크리스마스」라는 일견 애매한 제목이 되었다는데, 그렇다면 사실 영화 전체가 다림과 정원의 편지 내용일 수도 있는 것이다. 가령 정원의 편지가 "그 날은 아주 더운 날이었습니다. 내 몸은 아주 힘들었구요. 당신은……" 이렇게 시작할 수도 있다.

황동규의 시 「즐거운 편지」를 인용해 볼까.

> 내 그대를 생각함은 항상 그대가 앉아 있는 배경에서
> 해가 지고 바람이 부는 일처럼 사소한 일일 것이나.
> 언젠가 그대가 한없이 괴로움 속을 헤매일 때에
> 오랫동안 전해오던 그 사소함으로 그대를 불러보리라.
> 진실로 진실로 내가 그대를 사랑하는 까닭은
> 내 나의 사랑을 한없이 잇닿은 그 기다림으로 바꾸어버린 데 있었다.
> 밤이 들면서 골짜기엔 눈이 퍼붓기 시작했다.
> 내 사랑도 어디쯤에선 반드시 그칠 것을 믿는다.
> 다만 그때 내 기다림의 자세를 생각하는 것뿐이다.
> 그 동안에 눈이 그치고 꽃이 피어나고 낙엽이 떨어지고 또 눈이 퍼붓고
> 할 것을 믿는다.

일본 리메이크에서 이 장면은 임시 교사인 유키코가 다른 지방으로 근무지를 옮겨가는 모습으로 시작한다. 그리고 히사토시가 없는 가족의 일상이

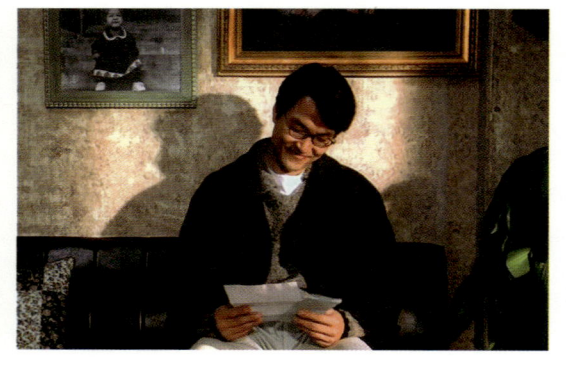

잡힌다. 누이는 포도를 먹다 오빠처럼 포도 씨를 뱉어보고, 아버지는 아들이 적어준 사용법을 보며 DVD를 조작한다. 료지는 술 마시고 지난 번 히사토시와 함께 노상 방뇨하던 자리에서 히사토시의 빈자리를 본다. 히사토시의 텅 빈 방에 놓인 기타. 히사토시의 첫사랑이 히사토시를 떠날 때 부서 버린, 그래서 수선한 흔적이 여전히 남아 있는 기타. 어쩌면 히사토시가 살고 싶었던 삶. 조금 서두르는 감은 있지만, 소통의 효과는 분명하다. 유키코의 편지를 읽는 히사토시의 얼굴에는 쓸쓸함만이 가득하다. 그리고 어느 때보다도 남성적 매력이 돋보인다. 히사토시는 아직 편지를 쓰지는 않는다. 아무래도 일본 리메이크는 멜로적 성격이 강하다.

42)창문 너머로 다림을 쓸어보는 정원

정원은 마지막으로 다림이 보고 싶다. 이제 다림의 자신에 대한 마음까지도 확실히 알아버린 지금 다림을 보고 "나도 당신을 사랑합니다"라는 말을 직접 건네고 싶은 정원이다. 그러나 그 마음을 억누를 수밖에 없다. 다림이 자신에 대한 감정을 빨리 정리하면 그만큼 좋은 것이다. 자신이 하고 싶은 말은 편지에 썼고, 그 편지는 자신이 죽은 후 다림에게 배달될 것이다. 그러나 보고 싶은 마음만은 어쩔 수가 없다.

다림이 파견 근무 나간 곳을 수소문해 알아낸 정원은 다림의 주차단속 차

량이 들를만한 곳 카페에 앉아 기다린다. 이윽고 다림이 나타난다. 다림은
여전히 씩씩하다. 그게 다림이다. 정원은 카페의 창 이쪽 편에 앉아 카페의
유리창을 통해 다림의 몸을 손끝으로 느낀다. 그 창을 넘을 수 없다. 창문은
은유의 수사학으로서 정원의 마음. 그것은 착함과 배려의 창문이자 개인적
집착을 넘어선 투명한 관조의 창문. 그러나 동시에 부서지기 쉽고 다가가기
어려운 관계의 창문이자 조심스러운 에로티시즘의 창문. 정원이 창문 너머
로 다림을 느낄 때 연기자 한석규는 이러한 다층적 정원의 마음을 적절하게
표현한다. 정원의 창문으로 다림이 나타날 때 어디에선가 점박이 개 한 마
리가 나타났다 사라진다. 그리고 두 사람이 처음 창문을 통해 만났던 것처
럼 다림이 탄 주차단속 차량은 창문 이편에 정원을 남겨두고 창문 저편으로
사라진다.

  일본 리메이크에서 히사토시는 유키코가 옮긴 학교로 찾아간다. 창문 너
머로 보이는 유키코. 아이들을 가르치는 데 열심이다. 어느 때보다 여성적

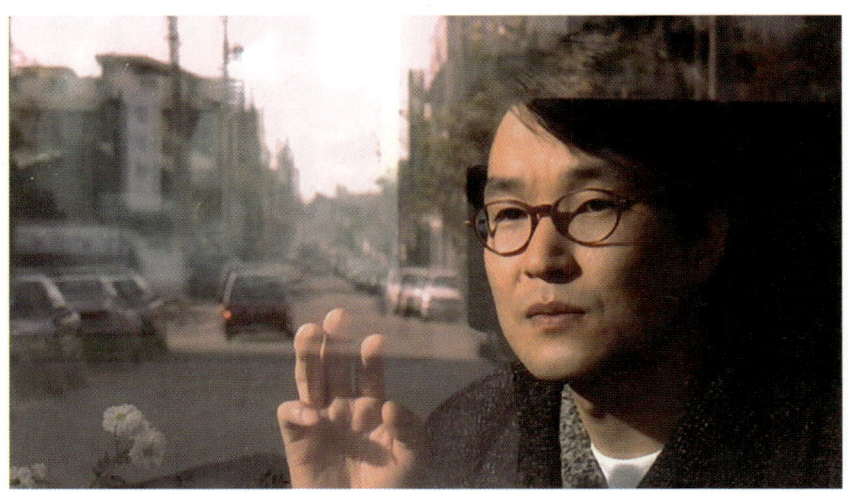

인 매력이 돋보이는 유키코. 일본 리메이크의 멜로적 성격이 다시 한번 확인된다.

43) 사진처럼

초원사진관의 부서진 유리창이 새 것으로 바뀌었다. 정원은 그 창으로 바깥세상을 내다본다. 푸르던 나무의 잎도 거의 다 떨어졌다. 아이와 청소년과 할머니와 세상 사람들. 남겨두고 갈 세상을 바라보는 정원의 시선에는 어딘가 그늘이 드리워져 있다. 정원이 챙겨야 할 것들. 다림에게 보낼 편지 봉투에는 주소와 함께 우표까지 붙어 있다. 보내는 사람의 주소는 없다. 그냥 유정원. 답장을 받을 수 없다. 그리고 다림의 사진과 필름. 정원을 바라보고 짓는 다림의 미소. 자신이 죽은 후 확대되어 초원사진관에 걸릴 것이다. 유품 상자의 뚜껑을 닫을 때 느껴지는 정원의 무거운 호흡.

정원은 앨범을 꺼낸다. 지금까지 살아온 삶의 순간들이 사진으로 인화되어 담겨있다. 그냥 찢으면 사라지는 얇은 종이들. 사진 속의 나는 나인가, 내가 아닌가? 우리가 죽을 때 사라지는 것은 무엇이고, 남는 것은 무엇인가? 앨범은 죽은 시간들의 무덤일 뿐인가? 그 사진들을 바라보던 정원의 얼굴에 문득 웃음이 떠오른다. 물리적으로 사진이야 그냥 생명 없는 이미지일 뿐이지만, 그렇지 않은 사진들도 있다. 우리의 시각통로로 들어와 우리 안에서 생명을 얻어 생생하게 살아 숨 쉰다. 속 빈 나무 등걸만 뒹구는 우리의 황량한 내면에 생명심의 물줄기가 되기도 한다. 영화 「인생은 아름다워」에서 마지막 독일군에 끌려가기 직전에 아빠가 보이는 모습을 카메라에 담아놓을 수 있다면 그 사진은 나중에 그 아들의 삶에서 생명심의 근원이 될 수 있다.

아니, 꼭 사진으로 남아 있지 않더라도 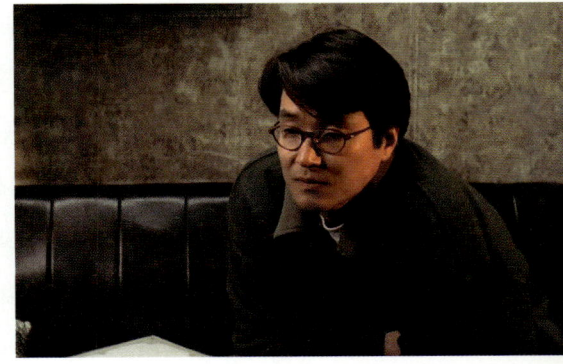 추억 속에 남아 있는 아빠의 어떤 모습이 훗날 세월이 흘러 나이가 든 아들의 삶에 생명심일 수 있다. 한 권의 앨범에 담겨 있는 자신의 삶. 사진 속의 죽어 있는 시간이 생명으로 바뀌는 한 순간처럼 내가 죽어 나의 추억이 단지 죽어버린 추억이 아니라 누군가에게 생명이 될 것인가? 이제 정원의 얼굴에 평정심이 깃든다. 다림에게 보낼 편지 봉투가 화면에 보이면서 배경 음악까지 사라지고, 한석규는 대사 없는 어려운 연기를 한다.

일본 리메이크에서 히사토시가 내다보는 창은 여전히 깨져 있고 히사토시는 유키코를 추억하고 있다. 이런 저런 유키코의 모습들. 히사토시는 유키코가 갖다 준 꽃 화분을 한참동안 바라본다. 이제 히사토시는 유키코에게 편지를 쓴다. 일본 리메이크에서 히사토시가 유키코에게 편지를 쓰는 이 호흡은 비교적 자연스럽다. 다림이 정원의 편지를 읽었을까 아닐까를 두고 관객들 사이에서 당혹감이 일어난 것에 비하면, 그 부분에 관한 한 일본 리메이크는 분명하다. 관객과의 소통을 놓고 고민을 한 흔적이 역력하다. 그것은 중심을 히사토시와 유키코의 관계라는 멜로에 맞췄기 때문인데, 반면에 생명으로 껴안는 죽음이라는 핵심적인 주제는 그 여운을 잃을 수밖에 없다. 일본 리메이크에서 히사토시는 앨범을 보지 않는다. 다시 말해, 연기자에게 섬세한 연기의 기회를 주지 않는다. 뿐만 아니라 아무래도 히사토시는 사진보다는 기타에 더 관심이 많은 게 분명하다.

이제 이승에서 정원에게 남겨진 마지막 일. 정원은 자신의 영정 사진을 찍는다. 머리매무새, 옷매무새를 가다듬고 카메라 초점을 잘 맞추고 조명을 켜고, 그리고 정원은 담담한 시선으로 카메라를 응시한다. 카메라 너머 죽음이 다가오고 카메라 셔터가 찰칵하고 열렸다 닫힌 순간 정원의 입가에는 죽음을 껴안는 잔잔한 미소가 떠오른다. 이 화면이 그대로 흑백으로 변하면서 장례식장에 놓인 정원의 영정 사진이 된다. 초등학교 교정에 펑펑 하얀 눈이 내린다.

놀라운 장면이다. 정원이 카메라를 볼 때 그것은 그대로 관객을 바라보는 정원의 시선이다. 정원은 그렇게 담담한 시선으로 관객을 바라보며 말을 건넨다.

"이제 저는 이렇게 죽습니다. 여러분은 어떠신가요?"

어느 인터뷰에선가 허진호 감독이 가수 김광석의 영정사진에서 영감을

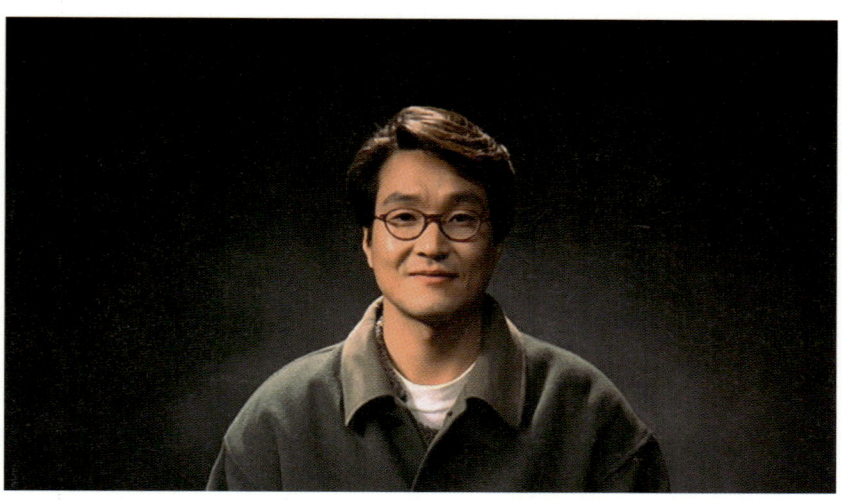

얻어 이 장면을 찍었다는 말을 한 적이 있다. 환하게 웃고 있는 김광석의 영정사진도 그렇겠지만 무엇보다도 지금 이 장면에 이르기까지 한석규의 연기가 층층이 쌓여져 정원의 마지막 미소에 이르러 불꽃처럼 눈부시다. 그저 편안한 미소 같지만, 그건 사자후. 죽음이 삶의 반대말이 아니라는 깨달음의 미소. 죽음과 삶의 이분법에서 그 이분법 너머 모든 것이 하나로 통하는 불생불멸의 세계로부터의 소식. 죽음 속에 삶이 있고 삶 속에 죽음이 있는 법. 정원의 미소에는 오로지 차갑고 어두운 죽음이라는 관념 대신에 빛과 생명의 향훈이 감돈다. 다림은 정원의 편지를 통해 정원의 사자후를 듣게될 것이고, 그 소리는 정원의 추억으로서 다림의 삶이 힘들어질 때마다 다림의 삶에 생명으로 작용하게 될 것이다. 그렇다면 우리의 추억이, 우리의 존재가 과연 누구에겐가 생명이 될 것인가?

일본 리메이크에서 히사토시의 편지가 유키코에게 배달된다. 그 편지에서 히사토시는 "나는 당신을 정말로, 정말로 좋아했습니다"라고 고백한다. 유키코는 무릎을 꿇고 눈물을 흘린다. 히사토시와 유키코의 관계에 대해 관객과의 소통은 확실하게 이루어지지만, 정원의 미소가 남겨주는 눈부신 여운을 일본 리메이크는 놓칠 수밖에 없다.

45) 다림, 초원사진관을 다시 찾다

시간이 얼마나 흘렀을까? 어느 눈이 내린 날 아침, 어디에선가 교회당의 종소리가 울린다. 크리스마스일까? 초원사진관의 문이 열리면서 아버지가 사진 출장을 나가신다. 아버지의 스쿠터가 출발한 순간 코너에서 까만 코트 차림의 다림이 등장한다. 한결 세련된 느낌이다. 초원사진관 앞에서 잠시

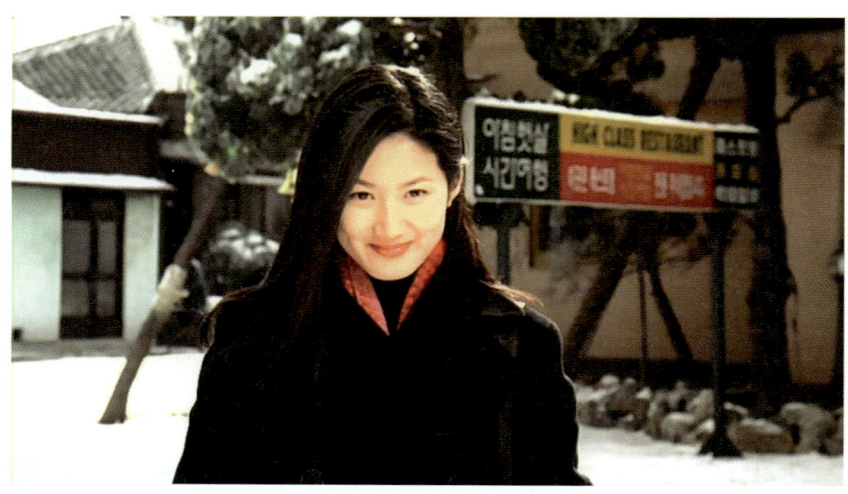

머뭇거리다 지나치려는 순간 다림은 사진관 진열장에 걸린 자신의 사진을
본다. 멀리서 잡히던 다림의 얼굴이 그 순간 화면을 채운다. 이루 말할 수 없
이 밝은 표정이다. 그리고 눈부시게 빨간 목도리를 하고 있다. 정원의 죽음
과 함께 심은하는 어째서 이렇게나 밝은 표정의 다림을 연기하고 있는 것일
까? 도대체 정원의 죽음을 알기나 하는 걸까?

　물론이다. 그것이 이 작품의 주제가 아닌가. 어쩌면 다림의 삶에 힘든 일
이 있었을지도 모르고, 그래서 초원사진관을 찾았을지도 모른다. 그런데 자
신의 사진을 본 순간 자신이 사랑했고, 자신을 사랑했던 한 남자, 정원의 추
억이 다림의 가슴을 생명으로 가득 채운 것이다. 이를테면 다림의 까만 코
트가 정원의 죽음을 애도하는 상복이라면 빨간 목도리는 생명이다. 이제 다
림은 다시 씩씩하게 삶 속으로 걸어 나간다. 그때 정원이 다림에게 보낸 편
지의 한 구절이 정원의 나레이션으로 흐른다.

　"내 기억 속의 무수한 사진들처럼 사랑도 언젠가 추억으로 그친다는 것을

난 알고 있었습니다. 하지만 당신만은 추억이 되지 않았습니다. 사랑을 간직한 채 떠날 수 있게 해 준 당신께 고맙다는 말을 남깁니다."

정원이 나레이션으로 다림에게 고마워할 때 다림은 씩씩한 걸음걸이로 정원에게 고마워한다. 성우 출신인 한석규의 나레이션도 좋지만, 연기자 심은하는 대사 없이 몸짓만으로도 고마움을 적절하게 표현한다. 이렇게 영화는 서로서로에게 고마워하며 마무리된다.

초원사진관 옆에 군고구마 장수의 리어커에서는 훈훈한 고구마 냄새가 피어오르고, 초원사진관 앞으로 아빠, 엄마, 아이의 한 가족이 단란한 모습으로 지나간다. 아빠가 정원이고, 엄마가 다림이고, 아이는 그 둘의 아이일 수도 있었겠지만 또 그렇지 않은 것이 무엇인가. 관객 모두 정원이고 다림이가 아니겠는가. 이렇게 온 세상과 온 우주에 오로지 생명만이 그득하다.

일본 리메이크에서 유키코는 빨간 크리스마스 꽃 화분을 들고 찾아온다. 그것도 효과적이다.

3. 나가면서

연기가 하나의 독립된 예술인가를 두고 저마다 다른 입장이 가능하다. 필자는 물론 연기가 하나의 독립된 예술이라고 생각한다. 연기뿐만 아니라 이 세상에 존재하는 모든 것이 저마다 하나의 독립된 예술일 수 있다. 예를 들어 광고가 그렇고 요리가 그렇다. 이 세상에 존재할 수 있는 모든 것이 예술일 수 있다는 것은 좋은 예술일 수 있다는 것이다. 이런 맥락에서 '예술 영화'와는 대조적인 뉘앙스를 풍기는 '멜로 영화'를 다루는 이 글의 깊은 곳에서는 하나의 중요한 질문이 자리 잡고 있다.

"그런데 도대체 예술적으로 좋은 연기란 무엇인가?"

사실 이 질문은 어떤 의미에서 미학의 본질적인 질문이기도 하다. 미학이라는 이름을 걸고 쓰여진 많은 글들이 직접적이든, 간접적이든 결국 이 문제를 다루게 되는 것은 1735년 '미학'이라는 학명을 처음 제안한 바움가르텐Alexander Gottlieb Baumgarten의 「시에 대한 철학적 성찰Meditationes philosophicae de nonnullis ad poema pertinentibus」이라는 책에서도 분명하다. 그는 시적 완벽성의 문제를 통해 미학에 다다른다.

필자는 「8월의 크리스마스」에 연기 미학적으로 접근하면서 좋은 연기의 두 축으로 '상세감각적 연기'와 '주소가 분명한 연기'를 제안했다. '주소가 분명한 연기'라는 표현에는 작품 전체의 주제를 연기자가 손에 쥐고 있어야 할 필요성이 내포된다. 그러면서 '상세감각적 연기'를 통해 그 주제가 얼마나 커다란 것이든 연기자는 거의 눈에 띄지 않는 작은 것까지도 놓치지 않는 상상력과 감수성을 작용시켜야 한다는 점에 방점이 찍힌다. 한마디로, 상세감각적 연기들이 작용하면서 이루어지는 주소가 분명한 연기들이 예술적으로 좋은 연기의 핵심이다.

상세감각적 연기를 통해 연기자는 작품의 형식적인 측면에 관객의 주의를 환기시킬 수 있을 것이다. 그리고 주소가 분명한 연기를 통해 작품의 내용적인 측면, 즉 명확한 성격 구축에 근거한 작품의 전체적인 주제에 관객의 집중을 확보할 수 있다. 이러한 연기의 두 측면이 특히 대중적 연기 미학의 중심을 이루는 소통의 핵심적인 문제 영역이라 할 수 있다. 연기 비평은 이 소통의 계기들로 작용하는 구체적인 지점들에 대한 총체적 접근이라 할 수 있다.

이런 연기 미학적 전제에서 일단 「8월의 크리스마스」에서 돋보이는 것은 연기자들이 등장인물들의 성격 구축에서 성취한 '거의 완벽한 투명함almost perfect transparency'이다. '거의 완벽한 투명함'이라는 이 표현은 지금부터 30여 년 전 미국 동부 켄터키 대학의 브라이언 린지Bryan Lindsay 교수가 쓴 「Joe : The Aesthetic of the Obvious」라는 제목의 논문에서 가져 왔다. 우리말로 하면 「조 : 명백한 것의 미학」쯤 되는데, 린지가 「조Joe」라는 영화를 보고 나서 쓴 논문이다. 린지는 무엇보다도 「조」라는 영화의 연기자들이 저마다 자신들이 맡은 역할을 관객에게 완벽하게 전달했음을 평가한다. 그는 영화를 보면서 한 번도 "음, 근데 이것은 무슨 의미지?" 하고 중얼거리지 않았던 것이다.

「8월의 크리스마스」에서 연기자 심은하가 연기한 다림이는 말 그대로 거의 완벽한 투명함이다. 심은하는 다림이에 관한 거의 모든 것을 한 손에 쥐고 연기한다. 물론 다른 손에는 작품 전체의 주제를 쥐고 있다. 따라서 심은하의 연기는 주소가 분명한 연기일 수밖에 없으며, 그런 의미에서 투명하다. 그러나 그 투명함의 여운이 상세감각적 연기로 표현되어 있어 자칫 멜로 영화의 상투성에 묻혀 관객의 감수성을 그냥 스쳐 지나가 버리는 경향이 있다. 뿐만 아니라 많은 관객들은 심은하라는 연기자에 대한 일종의 선입견이라 할까, 편견을 갖고 있다. 수업 중에 심은하 '님' 특집을 예고하면 '이런저런 소문들과 함께 배추머리를 한 심은하 고등학교 사진을 보내오는 학생들도 있었으니까…… 언젠가 한 라디오 프로그램에 출연해서 「8월의 크리스마스」를 이야기할 기회가 있었다. 그 프로그램에서 어떻게 「8월의 크리스마스」를 통해 심은하라는 연기자가 필자에게 심은하 '님'이 되었는가를 고백했다. 그때 그 프로그램 진행자는 아직 「8월의 크리스마스」를 보지 못했다며 실제로 연기자들을 너무 잘 알아서 우리 나라 영화들을 잘 보지 않는다고 덧붙였다. 그래서 필자는 대답했다.

"그래요? 정말 잘 되었네요. 아직 신나는 일이 남아있으니까 말이지요."

말라르메 Stéphane Mallarmé 의 시집 「목신의 오후」 뒷표지를 보면 이런 글이 보인다.

> "이 시집 속에 단편적으로나마 소개된 시편만을 읽는 독자에게도 페이지마다 어조가 얼마나 변용하는지 잘 판단될 수 있을 것이다. 그러나 그 변용 하나 하나 마다 시는 절대적인 정직성의 힘으로 스스로를 확인하고 그와 동시에 그 섬세한 변조는 개개의 힘을 파괴하지 않은 채 계속된다. 이것을 나는 말라르메 시의 특징 즉 그의 '투명성' 이라 부르겠다."

샤를르 모롱Charles Mauron이라는 사람이 한 말이라는데, 어쩌면 이상의 「오감도」나 타르코프스키Andrei Tarkovsky의 「희생Offret ; The Sacrifice」(1986)이나 사무엘 베케트Samuel Beckett의 「고도를 기다리며En attendant Godot ; Waiting for Godot」(1952)나 칸딘스키Wassily Kandinsky의 「컴포지션Composition」같은 작품들도 거의 완벽한 투명함으로 그런 작품들 앞에서 당황해 하는 우리들의 섬세한 감수성이 부담 없이 깨어나기를 기다리고 있는 지도 모른다. 그러나 일반적으로 이런 작품들의 투명성이 소통에서 정확하게 제 주소로 배달되는 경우는 드물다. 미루어 짐작컨대 대부분은 수용의 관습이나 은유나 상징에 대한 경직성 등의 이유 때문일 것이다. 물론 그렇지 않은 경우도 있겠지만⋯⋯

연기 미학적으로 「8월의 크리스마스」에도 소통의 어려움이 있다. 그 어려움은 소통과 여운 사이에서 균형을 유지하기 힘든 어려움이다. 무엇보다도 「8월의 크리스마스」에서 소통의 어려움은 생명으로 죽음 껴안기라는 주제의 어려움에 기인한다. 이런 성격의 주제를 너무 직접적으로 표현하면 정작 주제의 작용이 희미해지기 마련이다. 물론 「인생은 아름다워Life Is Beautiful」에서 로베르토 베니니Roberto Benigni가 온 몸으로 표현한 절창의 한 장면이 있기는 하지만, 그건 거의 기적 같은 장면이다.

착함과 배려라는 점에서 연기자 한석규는 정원의 성격을 거의 완벽한 투명함으로 표현한다. 그러나 생명으로 죽음 껴안기라는 「8월의 크리스마스」의 핵심적인 주제는 상식적으로 세속적인 연기자가 몸으로 증득하기 어려운 주제임에는 틀림없다. 거기에다 해석이 '불생불멸'까지 나아가게 되면 해석의 진정성조차 불투명해질 수 있다. 그렇지만 연기자가 자신의 연기 속에 '층' 또는 '차원'을 담아낼 수 있으면, 그것은 도전해 볼만한 일이다. 투명함 속에 일견 모호하거나 애매해 보이지만 궁극적으로는 심오함으로 체험되는 차원. 또는 가능하다면 투명함 속에서 직접적으로 심오함으로 체험되는 차원.

「시네 21」 2001년 12월 19일자 「내 인생의 영화」에서 오정호 EBS PD는 다음과 같이 말한다.

"해마다 2월이면 나만의 밀교 의식처럼 「8월의 크리스마스」를 본다. 늘 슬픈 만큼 행복해진다. 산다는 것이 얼마나 아름다운 것인지를 느끼며 그래도 나에게 남아 있는 나날들에 눈길을 돌린다. 삶이 고단해질 때면 정원을 깨우던 초등학교 조회소리를 기억해보고 느낌 좋은 사람을 보았을 때는 살짝 정원 쪽으로 우산을 기울이던 다림의 미소를 기억해보고 가족이 아쉬워질 때는 아버지를 위해 리모컨 작동법을 하나씩 써 내려가던 정원을 기억한다."

좋은 예술과 생명심이 밀접한 관계라면 좋은 연기와 생명심도 그렇다. 적어도 연기자 한석규는 「8월의 크리스마스」를 통해 그 도전의 기회를 놓치지 않은 것으로 보인다.

일본의 소설가 오에 겐자부로大江健三朗의 「일상생활의 모험日常生活の冒險」이라는 소설은 적어도 표면적으로는 사이키 사이키치라는 개성적인 인물의 추억담이다. 그는 죽음을 두려워한 모험가 타입의 모순적인 인물인데, 소설 속에서 몇 번인가에 걸쳐 그가 좋아했던 고흐의 시가 나온다.

"죽은 자를 죽었다고 생각치 마라. 살아있는 자가 있는 한 죽은 자는 살리라, 죽은 자는 살리라."

죽은 자의 삶과 산 자의 죽음은 삶과 죽음을 이분법적으로 대치시키곤 하는 우리의 습관을 넘어서 불생불멸의 단초를 내포한다.

지금부터 거의 2500년 전에 그리스의 아리스토텔레스라는 철학자가 '좋은 작품이란 무언가를 덧붙여도 망하고, 무언가를 덜어내도 망하는 그런 작품'이라는 요지의 말을 한 적이 있다. 당연히 아리스토텔레스 이전에도 그와 비슷한 말을 한 사람이 있었겠고, 아리스토텔레스 이후에는 이루 헤아릴 수 없이 많은 사람들이 그와 비슷한 말을 했었겠지만, 사실 필자의 경험에서 그런 작품을 만난 기억은 희미하다.

연기 미학적 맥락에서 「8월의 크리스마스」는 필자에게 거의 그런 영화이다. 모든 연기들이 영화 속에 너무 자연스럽게 녹아 들어가 있어서 영화는 거의 심심할 정도로 단조로워 보인다. 하지만 일단 상세감각적 연기들과 주소가 분명한 연기들에 주목하기 시작하면 스크린이라는 영화의 밥상에 차려진 연기 미학적 반찬들이 서로 어울려 조화로운 향기를 풍긴다. 메인디시Main dish로서 민어 매운탕과 작은 종지의 새우젓 반찬이 서로 어울려 밥맛을 돋우는 것이다. 물론 밥상을 차리는 사람 입장에서나 밥상을 받는 사람 입장에서 이런 저런 아쉬움이 없을 수는 없겠지만, 완벽한 예술이 어디 있겠는가. 하늘 저 편에 완벽함의 상징으로 북극성을 띄어 놓고 땀내음과 체취를 풍기며 향해가는 가치지향의 정신 — 그것이 지극함과 진정성으로서의 예술혼이 아닐까. 이런 의미에서 더함도 덜함도 없는 부분과 전체의 조화라는 점에서 「8월의 크리스마스」는 연기 미학의 예술적 가치를 드러내는 한 구체적인 경우로 손색이 없다.

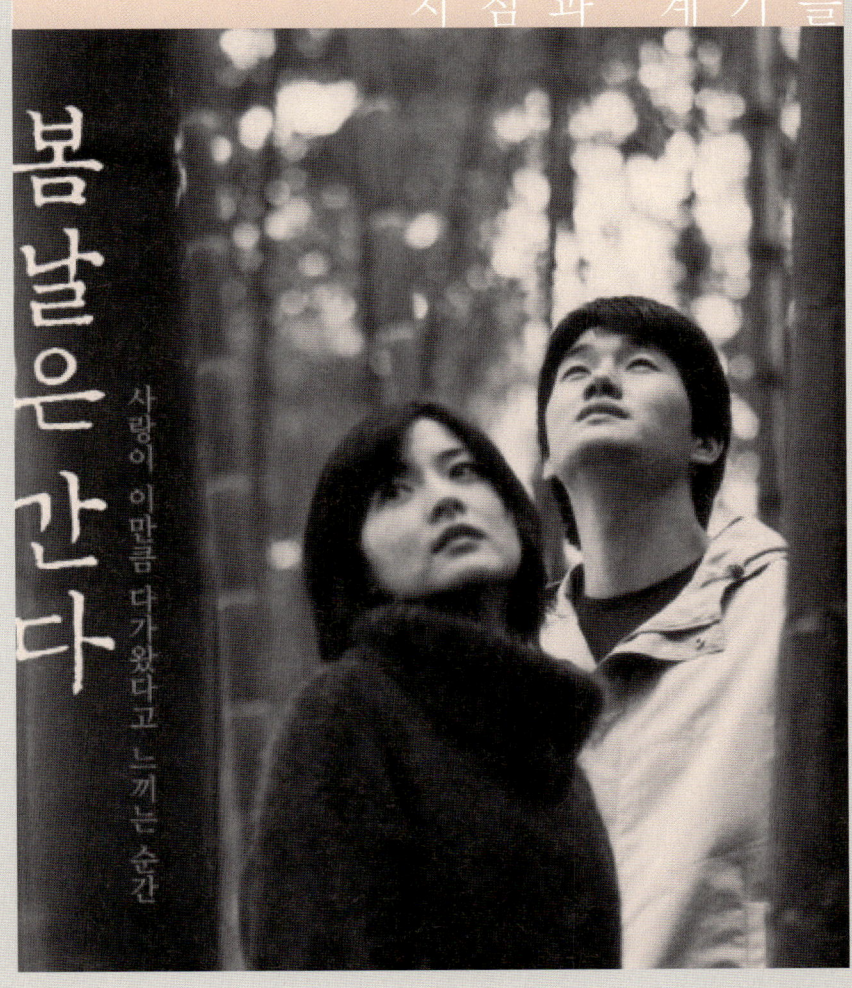

연기 미학적으로 접근한
「봄날은 간다」의
지점과 계기들

봄날은 간다

사랑이 이만큼 다가왔다고 느끼는 순간

1. 들어가며

허진호 감독의 데뷔 작품 「8월의 크리스마스」와 만남이 일어난 후 필자는 그의 다음 작품을 기다리고 있었다. 한 동안 소식이 없어서 심지어 필자는 「8월의 크리스마스」가 허진호 감독의 첫 작품이자 마지막 작품이었을지도 모른다는 생각까지 했었다. 「8월의 크리스마스」에 나오는 등장인물이었던 정원과 허진호를 동일시하기에까지 이른 것이다. 「8월의 크리스마스」가 허진호가 아니라 유영길 촬영감독의 유작이었던 것은 나중에 비디오의 앞부분에서 확인할 수 있었지만 말이다.

그러다가 2001년 허진호 감독의 두 번째 작품 「봄날은 간다」에 대한 소식을 듣게 되었다. 그것은 놀라운 소식이었다. 우선 '소리의 영화'라는 이야기가 들려 왔다. 「8월의 크리스마스」가 '빛의 영화'였던 것은 분명했다. 그러니 오죽 기대가 컸겠는가. 대밭을 지나는 바람소리, 눈 오는 새벽 절의 풍경소리, 여울물 소리, 보리밭을 스치는 바람소리 등등. 필자 자신 그러한 소리들로 음반을 만들어볼 생각을 한 적도 있었기 때문에 생각만 해도 황홀했다. 그러나 결과는 그저 그랬다. 유영길 촬영감독과 촬영지였던 군산의 눈부신 빛에 해당할만한 소리의 작용은 없었다.

또 다른 소식은 내용이었다. 20대 중반 쯤의 순수한 남자와 30대 초, 또는 중반 쯤 되는 이혼녀의 사랑이라. 이것 또한 굉장한 소식이었다. 그 당시 우리나라는 이혼이 급증하던 무렵이었다. 이 사회적 현상은 문화적으로 여성의 순결에 대해 무지막지하게 보수적이었던 우리나라에 신선한 반전을 기대해볼 수도 있었던 현상이었다. 젊은 이혼녀와 첫사랑을 하는 남자의 이야기가 얼마든지 현실의 이야기일 수 있었으니까. 필자는 무릎을 쳤다.

"허진호, 이 사람 젊은 사람이 대단하다!"

빛에서 소리로, 그리고 삶과 죽음의 관념적 이분법에서 순결한 것과 헤픈 것에 대한 관념적 이분법으로…… 그러나 결과는 그저 그랬다…… 정도가 아니라 좀 참담했다. 이 영화가 개봉되었을 때 "「봄날은 간다」를 본 커플은 깨진다"라는 소문이 났었는데, 그 소문은 영화적으로 근거가 있었다. 「8월의 크리스마스」가 생명으로 죽음을 껴안았다면 「봄날은 간다」는 사랑에 죽음의 키스를 날린 셈이었으니까.

반면에 연기 미학적 맥락에서 「봄날은 간다」는 눈부셨다. 「봄날은 간다」는 「8월의 크리스마스」만큼이나 주소 있는 연기의 교과서라고 할 수 있는 작품이다. 그러나 「봄날은 간다」의 경우 사랑의 무상성과 소통의 어려움이라는 작품의 핵심적인 주제를 표현하는 연기자들의 상세감각적 섬세한 연기들에 무엇인가 불투명한 것이 작용하면서 주제를 왜곡시킨다. 단적으로 말해 매 장면마다 연기자들의 주소 있는 연기들은 분명한데 전체적으로 그 지점들이 관객에게는 엉뚱한 계기가 된다. 결과적으로 편지는 엉뚱한 주소로 배달되고 만다. 이 영화를 본 커플은 깨진다는 소문이 나돈 것이 그 까닭이다. 음악도 좋고 시나리오도 좋다. 그런데 영화는 마지막 편집에서 시나리오대로 가지 않는다. 이것은 틀림없이 감독의 개입이다. 어쩌면 그 과정에서 허진호 감독의 개인적인 아픔이 작용했을지도 모른다. 그리고 그것이 이 영화의 엉뚱한 주제가 되어버렸는지도 모른다. 도대체 무슨 일이 벌어진 것일까?

영화잡지 「시네 21」 2002년 377호에 미국 남가주대학USC, The University of Southern California의 영화학과 교수 데이비드 제임스가 쓴 '불확실성의 알레고리'란 제목의 한국 영화에 대한 간단한 글이 있다. 2002년 11월 3일까지 USC 대학에서 한국 영화제를 개최했는데, 그는 그 행사를 포함해서 모두 세 차례 한국 영화제를 책임 기획한 사람이다. 허진호 감독의 「8월의 크리스마스」는 이 영화제의 첫 번째 상영작이었다. 그의 글의 마무리 문장을 소개한다.

> "한국 영화의 작품들은 너무나 자주, 끊임없이 불안감에 시달리는 동일한 콤플렉스 주변을 맴돌고 있다. 미국에서 작품을 볼 수 있었던 한국 최고의 영화감독들은 그들이 가장 뛰어난 성취를 이룩해낸 작품에서조차 자기 자신의 불확실성에 대한 알레고리, 즉 은유를 하지 않으면 안 되는 것처럼 느끼는 듯하다."

필자가 뜬금없이 데이비드 제임스의 글을 거론한 이유는 그의 글이 「8월의 크리스마스」보다 「봄날은 간다」에 시사하는 특별한 점이 있기 때문이다. 그것은 거의 예언자적으로 특별하다. 「8월의 크리스마스」에서 필자를 사로잡았던 허진호 감독의 무언가 특별함이 「봄날은 간다」 이후의 영화들에서 느껴지지 않는다. 특히 「봄날은 간다」가 아쉽다. 상세감각적 연기와 주소가 분명한 연기라는 연기 미학적 관점에서 연기자들의 뛰어난 성과가 결국에는 주제를 왜곡시킬 정도로 미묘하게 작용하는 연기 외적인 간섭으로 희미해진다. 필자는 그 연기 외적인 간섭이 구체적으로 무엇인지 모른다. 앞에서 잠깐 언급한 허진호 감독의 개인적인 아픔이 전혀 상관없을 지도 모른다. 사실 허진호 감독의 이야기를 직접 들어본 것도 아니니, 데이비드 제임스의 일반화를 인용하는 정도에서 멈추는 것이 좋을 듯도 싶다. 하지만 한 가지는 분명하다. 그것은 시나리오가 영화가 되는 과정에서 무언가 변화가 일어났다는 점이다.

시나리오는 음악으로 치면 악보와 같다. 연극의 경우라면 희곡인 셈인데, 악보나 희곡과 시나리오와는 적어도 현재로서는 적지 않은 차이가 있다. 악보나 희곡은 연주가나 연출자에 의해 얼마든지 엉뚱하게 해석되어도 여전히 악보의 작곡자나 희곡의 작가의 이름이 일순위로 거론된다. 베토벤이나 모차르트 또는 셰익스피어나 체홉을 생각해봐도 그것은 분명하다. 그런데 시나리오 작가의 이름은 언제나 뒷전이다. 물론 패디 차예프스키 Paddy Chayefsky나 세자레 자바티니 Cesare Zavattini 같이 감독과 나란히 거론되는 몇 명의 시나리오 작가의 이름은 있지만, 「맨 프롬 어스」라는 영화의 시나리오 작가 제롬 빅스비가 아마 유일하게 영화 제목 앞에 붙은 시나리오 작가의 이름일 것이다. 그래서 오리지널 영화 제목이 「Jerome Bixby's The Man from Earth」인데, 이것은 아주 드문 일이다.

「봄날은 간다」는 좋은 시나리오를 바탕으로 영화가 되었다. 시나리오는 류장하, 이숙연, 신준호, 허진호 네 사람의 공동 작업으로 되어 있다. 여러 해 전 영화 잡지 「씨네 21」에서 'Cine 21 시나리오선' 그 두 번째로 펴냈었다. 필자도 그것으로 읽었다. 사실 이런 경우가 아니면 시나리오를 구해 읽기도 쉽지 않다. 그런데 이 좋은 시나리오로 영화 작업 중에 미묘한 변화가 일어난 것이다. 연기자들은 시나리오의 내용을 변화에 따라 적절하게 파악하여 손에 쥐고 그에 따라 주소가 분명한 연기를 성취했다. 그러나 그 성취가 작품 전체적으로는 도움이 되지 않았다. 연기자들은 연기 중에 그러한 상황을 파악하고 있었던가? 만일 그랬다면 터지고 깨지더라도 싸워야 하지 않았을까? 연기가 하나의 독립된 예술이라면 말이다. 이런 질문들이 특히 이 글 종반부의 핵심을 이룬다.

이 글에서 필자는 시나리오와 영화를 비교해가는 방식으로 연기에 접근한다. 독자들도 이 책을 읽기 전에 시나리오와 영화를 가능한 한 여러 번 접해보면 좋겠다. 일단 영화에서 가장 문제적인 지점 중의 하나인 마지막 장면으로부터 시작해서 시간 순으로 검토해가며 내려온다. 장면마다 「8월의 크리스마스」처럼 독자들은 필자가 던지는 질문들을 받게 되는데, 물론 정답은 없다. 필자의 질문에 대답하면서 독자들이 나름대로 자신의 입장을 정립하면 그것이 정답이다.

2. 연기 미학적 관점에서 접근한 영화 「봄날은 간다」의 지점과 계기들

1) 「봄날은 간다」 마지막 장면의 문제점. 상우는 득도했는가?

「봄날은 간다」의 마지막 장면이다. 이 남자의 이름은 상우. 나이는 스물일곱에서 여덟 쯤? 녹음실에서 일하는 음향 기술자이다. 지금 보리밭을 스치는 바람소리를 녹음하는 중이다. 마음에 드는 소리를 잡았는가? 아니면?

마지막 장면에서 상우의 표정은 심각한 문제를 내포한다. 표정이 미묘해서라기보다는 이 표정이 위치하는 지점 때문이다. 그 지점 때문에 어떤 해석의 계기가 되고, 대체로 그 해석이 이 작품을 대표하는 주제로 인정받는다.

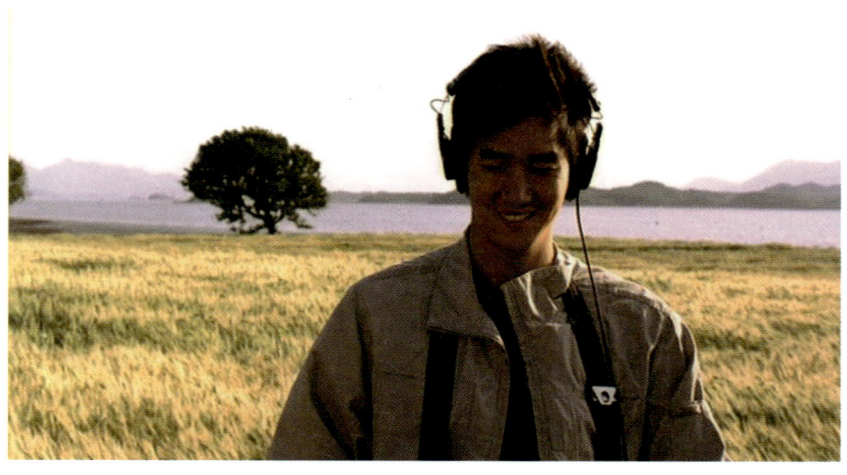

영화에서 이 장면은 상우가 은수라는 여인과 최종적으로 이별을 하고난 후에 나온다. 필자 생각에 그 이별 또한 문제가 많은 장면인데, 문제와 문제가 겹쳐지면서 영화로서는 치명적인 해석을 낳게 한다. 물론 필자의 생각에 그렇다.

반면에 시나리오에서 이 장면은 상우가 은수라는 여인과 최종적인 이별을 하기 전에 위치한다. 영화에서는 아무런 맥락도 없이 그냥 마지막에 등장하는 장면이지만 시나리오에서는 앞부분에 이미 보리밭을 스치는 바람소리에 대한 언급이 있다. 은수가 상우에게 묻는다.

"소리 따려고 얼마까지 기다려 봤어요?"

"한 1년?"

"1년?"

"보리밭 소린데 정말 포근해요. 근데 그게 해마다 달라요. 옛날에 듣던 그 소리가 나올까 해서 또 가고 해마다 따러 다녀요. 꼬박 일 년을 기다리는 거죠."

"궁금하네요. 그 소리가 어떤 소릴지……"

그렇다면 지금 상우는 기다리던 그 소리를 잡은 것이다. 포근한 소리. 그래서 저 표정이 나오는 것이다. 은수가 옆에 같이 있었으면 더 좋았겠지만 말이다.

상우는 은수라는 연상의 여인을 만나 사랑에 빠진다. 은수는 강릉방송국 아나운서인데 한 번 이혼한 여성이다. 나이는 삼십대 초반에서 중반 쯤? 그리고 상우는 호된 사랑의 아픔을 겪는다. 그 아픔을 극복할 즈음 보리밭 바람소리를 잡는다. 은수에게서 다시 연락이 오고 이제 상우는 영화의 마지막 장면과 같은 표정으로 은수와의 관계를 정리…… 하면 좋겠지만, 사실인즉 그렇지 못하다.

　영화에서 은수와 최종적인 이별을 할 때 상우의 표정은 한 마디로 무심을 가장한 그 무엇이다. 편협함? 옹졸함? 분노? 두려움? 그리고 이어지는 영화의 마무리 지점에 득도한 표정이 나온다. 아예 영화는 그 표정에서 딱 정지한다. 그 지점을 강조하며 어떤 해석의 계기를 예약하는 것이다. 그래서 계간 「시나리오」 편집장 유광은 「봄날은 간다」의 주제를 한 마디로 '사랑의 통과 의례에 초점을 맞춘 성장 영화'로 요점 정리해 버린다. 그렇게 상우는 득도하고, 영화는 끝난다. 유광뿐만 아니라 「봄날은 간다」에 대한 일반적인 이해가 그렇다. 그러나 은수는? 아무래도 이와 같은 해석은 상우에게 초점을 맞추고 있다. 그러니까 유광의 글 제목이 '상우는 은수를 왜 보냈을까?'이다. 유광은 또 다른 글을 하나 더 써야할 지 모른다. '은수는 상우를 왜 찾아왔을까?'

　시나리오에서 두 사람의 마지막 모습은 다음과 같이 묘사된다. 은수의 묘사가 먼저 나오고 조금 후에 상우의 묘사가 나오면서 시나리오는 끝난다.

　'창밖 벚나무들 아래 사람들 속에 은수가 가고 있다. 벚꽃 구경하듯 천천히 걸어가는 은수.' '마지막 남은 꽃잎이 떨어지는 길을 상우가 걷고 있다. 세상 구경이라도 하는 듯 느릿느릿 주위를 둘러보며 걷는 상우.' 필자가 이해한 「봄날은 간다」의 주제는 사랑의 무상함이다. 그래서 제목이 「봄날은 간다」가 아닌가. 두 사람의 마지막 묘사로 미루어 성장이라면 사랑의 무상함을 깨닫고 그 집착으로부터 자유로움을 말하는 것일까? 문제는 필자가 무심을 가장한 그 무엇이라고 표현한 상우의 표정에서 보리밭 득도의 표정에 이르는 과정이 너무 순식간이라 그 과정의 효과가 어쩌면 엉뚱한 것을 의도했을 가능성이다.

한 번 이혼한 은수가 풋풋한 상우와의 관계를 통해 사랑의 무상함에 대한 불안을 잠시나마 잊어보려 했을 수 있다. 그러면서도 은수는 "사랑이 어떻게 변하니?"로 표현되는 상우의 순진함을 껴안기에 자신의 삶에 대한 욕심이 너무 강하다. 이런 의미에서 「봄날은 간다」의 주제를 다시 정리하면 사랑의 무상함이라는 현실과 모든 것을 껴안는 사랑의 영원함이라는 이상의 충돌이다. 이런 일차적인 주제를 배경으로 필자가 느끼는 「봄날은 간다」의 진정한 주제는 그 충돌의 해결로서 소통이다. 「봄날은 간다」의 경우 차라리 소통의 부재라 할 수 있겠다. 사랑의 무상함과 그 집착으로부터 자유로움이 꼭 헤어짐일 필요는 없다.

시나리오의 묘사대로라면 두 사람이 저마다 무상한 사랑의 집착으로부터 자유로움을 증득했을지는 모르지만, 서로 떨어져 걷고 있지 않는가. 영화와 시나리오 어디에도 두 사람이 소통하는 장면은 없다. 은수가 불충분하나마 안쓰럽게 시도하는 일련의 장면은 있지만 상우는 말 그대로 완벽한 '벽'이다. 그러니 영화를 상우가 득도한 장면으로 마무리하는 것은 너무 일방적이다. 그 장면의 지점은 시나리오가 더 적절하다. 그리고 두 사람이 최종적으로 이별하는 장면에서 상우는 최소한 시나리오처럼 "데려다 줄게" 정도는 제안했어야 했다. 시나리오가 영화가 되는 과정에서 도대체 무슨 일이 일어난 것일까?

2)상우와 할머니의 뒷모습

영화가 시작하면 서울 변두리의 골목길. 눈이 쌓인 겨울. 봄이 오면 충분히 아름다울 수 있는 길. 그러나 지금 그 봄을 짐작하기 어려운 길. 어디에서

나 볼 수 있는 할머니의 뒷모습. 어쩌면 인생의 한 시기에 충분히 아름다웠을지도 모르는, 그러나 지금은 그 아름다움을 짐작하기 어려운 뒷모습. 자전거를 끌고 그 할머니를 쫓아가는 젊은이. 그 젊은이의 뒷모습.

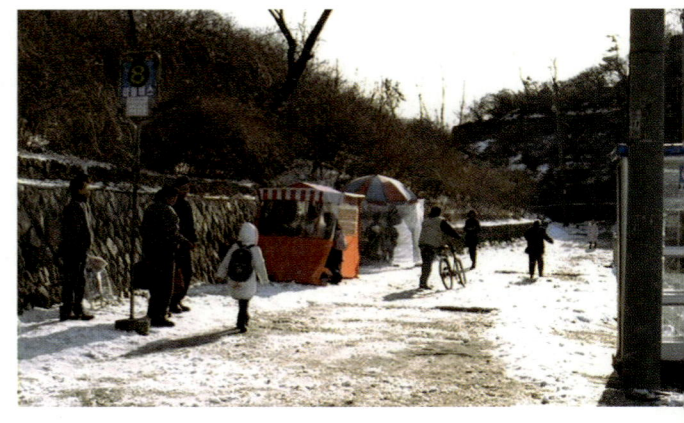

어쩌면 무언가 엄청난 사랑을 꿈꾸고 있을지도 모르는, 그러나 지금은 그 사랑을 짐작하기 어려운 뒷모습.

"할머니, 어디 가요? 할머니, 같이 가."

할머니는 어디로 가실 것이며 결국 젊은이도 따라 가게 될 그 길은 어디로 갈 것인가? 이 첫 장면이 사라지면서 영화의 제목 「봄날은 간다」가 뜬다.

자우림의 김윤아가 이 영화의 주제가 「봄날은 간다」의 가사를 썼을 때 어쩌면 허전한 이 첫 장면에서 영감을 받았을 수도 있다. 그 가사를 인용한다.

> 눈을 감으면 문득 그리운 날의 기억
>
> 아직까지도 마음이 저려 오는 건
>
> 그건 아마 사람도 피고 지는 꽃처럼
>
> 아름다워서 슬프기 때문일 거야, 아마도.
>
> 봄날은 가네 무심히도 꽃잎은 지네
>
> 바람에 머물 수 없던 아름다운 사람들
>
> 가만히 눈감으면 잡힐 것 같은

아련히 마음 아픈 추억 같은 것들

봄은 또 오고 꽃은 피고 또 지고 피고

아름다워서 너무나 슬픈 이야기

봄날은 가네 무심히도 꽃잎은 지네

바람에 머물 수 없던 아름다운 사람들

가만히 눈감으면 잡힐 것 같은

아련히 마음 아픈 추억 같은 것들

눈을 감으면 문득 그리운 날의 기억

아직까지도 마음이 저려 오는 건

그건 아마 사람도 피고 지는 꽃처럼

아름다워서 슬프기 때문일 거야, 아마도

영화 「봄날은 간다」의 첫 장면이 이렇게 평범해 보이는 시작이지만 사실 영화의 첫 장면으로서 평범한 장면이 아니다. 영상적인 측면에서 첫 장면으로는 너무 평범해 보이기 때문에 그렇다. 시나리오에서는 집안 마루 끝에 앉아 눈 녹은 물이 똑똑 떨어지는 것을 바라보는 상우와 함께 영화가 시작한다. 시나리오대로라면 좀 더 '있어 보이는' 시작이었겠지만 영화는 영상적으로 거의 허전해 보이는 이 장면을 택했다. 이유는?

당연히 '있어 보이지 않기' 때문이다. 「8월의 크리스마스」가 그 평범한 외관에서 영웅과 공주의 이야기였다면 「봄날은 간다」는 겉모습 그대로 무상한 세간사에서 허우적거리는 우리네 중생들의 봄날이 가는 이야기이다.

영화 제목 「봄날은 간다」는 원래 오래된 대중가요의 제목이다. 손로원이 가사를 쓰고 박시춘이 곡을 붙였다. 노래는 백설희가 했다. 이 노래는 편곡

되어 영화 안에서 다양하게 쓰인다. 그 가사는 단순하지만 영화 「봄날은 간다」의 일차적인 주제에 어떤 구체적인 이미지를 제공한다. 여기 그 가사를 인용한다.

연분홍 치마가 봄바람에 휘날리더라
오늘도 옷고름 씹어가며
산제비 넘나드는 성황당길에
꽃이 피면 같이 웃고 꽃이 지면 같이 울던
알뜰한 그 맹세에
봄날은 간다
새파란 풀잎이 물에 떠서 흘러가더라
오늘도 꽃편지 내던지며
청노새 짤랑대는 역마차길에
별이 뜨면 서로 웃고 별이 지면 서로 울던
실없는 그 기약에
봄날은 간다
열아홉 시절은 황혼속에 슬퍼지더라
오늘도 앙가슴 두드리며
뜬 구름 흘러가는 신작로길에
새가 날면 따라 웃고 새가 울면 따라 울던
얄궂은 그노래에 봄날은 간다

할머니를 따라가는 젊은이의 이름은 상우. 녹음실에서 일하는 음향 기술자이다. 나이는 스물일곱에서 여덟 쯤? 할머니는 치매에 걸리셨다. 돌아가신 할아버지는 기관차 운전사였는데 지금 할머니는 할아버지가 일하시는 기차역으로 마중 가시는 중이다. 시나리오 앞부분에서 상우는 착하고 감수성이 예민한 젊은이지만, 영화에서는 좀 더 평범하고 어리다. 상우역을 연기하는 유지태는 목소리, 의상, 머리 스타일에서 평범한 소년의 느낌을 효과적으로 살린다.

역사에 앉아 오지 않는 할아버지를 기다리는 할머니. 그 할머니를 상우가 모시고 나올 때 할머니의 얼굴이 화면의 중심에 뜬다. 젊으셨을 때 자존심이 강했을 얼굴. 할머니를 연기하는 백성희는 우리나라 원로 연기자의 한 명이다. 상우의 얼굴은 아직 제대로 화면에 잡히지 않는다. 이제 영화의 제목이 깔리면서 「봄날은 간다」는 이렇게 역 앞에 세워져 있는 상우의 자전거처럼 거의 익명의 느낌으로 시작한다.

상우의 평범함은 연기 미학적 관점에서 적절해 보인다. 그 평범함이 가는 봄날과 밀접하게 관련된 소통의 문제를 야기하기 때문이다. 이 소통의 문제는 우리 시대 이성 관계의 핵심적인 문제로서 사랑의 무상성을 이야기하는 「봄날은 간다」의 파생적 주제라 할 수 있다. 연기자 유지태는 이 땅의 평균적 남자의 평범함을 영화 전체를 통해 대체로 유지한다.

3)강릉으로 가는 상우 새벽에 내린 눈을 밟다

일단 상우는 강릉으로 간다. 강릉방송국 일이다. 새벽에 집을 나선다. 눈이 내려 쌓여 있다. 아무도 밟지 않은 새하얀 눈. 소년 같은 모습의 상우는 강아지처럼 큰 신발을 신고 하얀 눈에 첫 발자국을 찍으며 즐거워한다.

이제 상우는 한 여자를 만날 것이고 그 여자를 사랑하게 될 것이다. 그로서는 첫사랑임에 틀림없다. 상우의 집. 기와지붕, 장독대, 미닫이 문, 댓돌, 툇마루, 백열전구의 노란 불빛 등등. 모든 것이 너무 고전적으로 평범한 한국적인 것이다. 이 평범함이 사 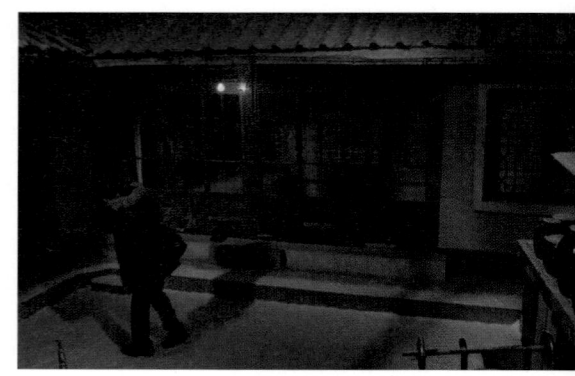랑의 경계에 부딪히면 어떻게 될 것인가?

상우가 나가고 무언가 징후처럼 할머니의 방에 불이 켜진다. 할아버지에 대한 사랑과 집착이 결국 치매에까지 이르게 된 할머니의 가버린 봄날. 상우는 강릉 가는 길에 지도를 잃어버린다. 운전대 앞에 놓아둔 지도가 바람에 날아가 버린 것이다. 이제 상우의 사랑은 길을 잃게 될 것이다.

시나리오에서 상우가 집을 나서려 할 때 이미 할머니 방에 불이 켜져 있다. 상우는 "할머니" 하고 할머니 방에 들어간다. 강아지처럼 눈을 밟는 상우의 모습은 없다. 지도를 잃어버릴 때에도 영화에서는 하품을 하는 중에 잃어버리는데, 시나리오에서는 손으로 바람을 느끼는 중에 잃어버린다. 하지만 일단 평범으로 가닥 잡아가니까, 그것도 좋다. 눈을 밟는 유지태의 소년 같은 장난끼나 운전하다 입을 쩍 벌리고 하품하는 모습도 적절하다. 첫사랑을 암시하는 것도 좋고, 곧 지도를 잃어버릴 사건과도 잘 어울린다. 단지 영화에서는 잃어버린 지도가 방송국 일로 소리를 따기 위해 찾아가야할 장소들의 약도라는 것에 대한 아무런 암시가 없다. 그저 상우의 "아이고"가 전부이다.

4)상우와 은수의 첫 만남

강릉터미널에서 상우와 은수가 만난다. 상우가 좀 늦게 도착해서 기다리던 은수는 대합실 벤치에 앉아 잠들어 있다. 은수는 30대 초, 중반쯤의 강릉 방송국 아나운서. 자연의 소리를 소개하는 프로그램을 진행하느라 음향 기술인인 상우를 서울에서 부른 것이다. 짙은 색 코트와 새빨간 목도리. 「8월의 크리스마스」에서 다림이의 마지막 장면에서의 의상이다. 그 때는 죽음과 생명이었다. 지금도 그럴까? 관객이 곧 알게 되겠지만 은수는 이혼한 여자이다. 그러니 일단 자신의 봄날에 죽음을 선언했을 수 있다. 그렇다면 생명은 새로운 사랑? 어쨌든 지금은 의상으로 몸 전체를 꽁꽁 싸고 있는 느낌이다. 불꽃은 내면에 너울거리는가?

상우가 도착했을 때 은수는 벤치에서 자고 있었다. 일반적인 여자의 모습은 아니다. 자고 있는 여자가 은수인가를 확인하기 위해 상우는 휴대전화를 이용한다. 사실 늦게 도착하면 상식적으로 차에서 내리자마자 도착했다는

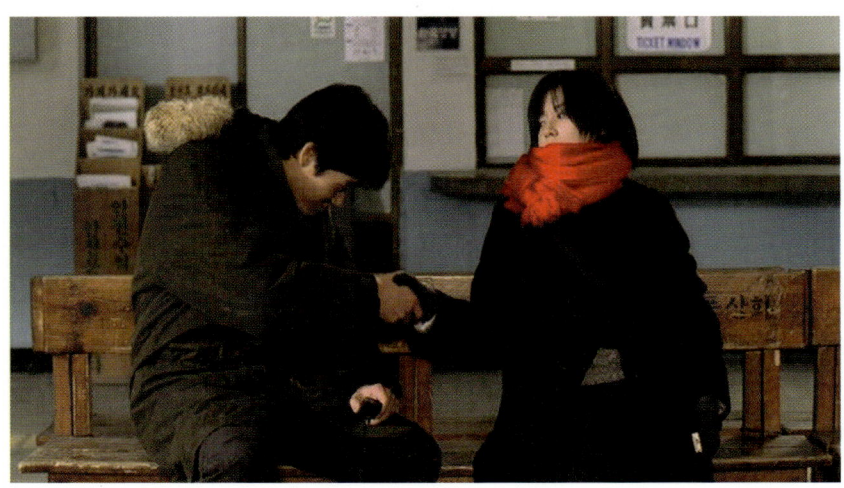

전화를 하게 마련이지만, 어쨌든 상우는 현실에 적응하고 있다. 시나리오에서는 터미널 앞에서 두 사람이 휴대전화를 통해 자연스럽게 만나고 인사한다. 그렇다면 영화에서 좀 억지스럽게 두 사람이 만나는 장면의 의미는?

쉽게 생각해볼 수 있는 것은 상우가 자신의 봄날에 죽음을 선언한 은수에게서 봄날을 깨워 낸다는 것. 휴대전화를 받으며 잠에서 깨어날 때 두어 차례 상우를 흘깃 보는 은수의 시선에서도 그것은 암시된다. 그밖에 가능한 의미는 첫 만남에서 설정하는 두 사람의 위계. 은수는 상우보다 나이가 많고, 인생 경험이 풍부하며, 고용자라는 것. 어쩌면 상우가 현실적으로 적응력이 있을지는 모르지만 평범하고, 은수에게는 좀 더 독립적이고 괴팍하며 예술가적 기질이 있다는 느낌. 적어도 은수는 스스로 그렇게 생각하고 있다는 느낌.

거창하게 기지개를 켠 후 상대를 장악하는 듯싶은 시선과 함께 은수가 손을 내밀고 상우는 고개를 숙여 그 손을 잡는다. 상우가 입고 있는 파카의 모자 털 부분이 주인의 손길을 기다리는 멍멍이와 같은 느낌을 준다. 은수의 꾸지람.

"그런데 좀 늦으셨네요."

장난스러움과 부끄러움이 기묘하게 섞여 있는 소년 같은 미소와 함께 그 꾸지람을 받아들이는 상우. 이렇게 두 사람은 처음 만난다.

은수역을 맡은 연기자는 이영애이다. 상우역의 유지태가 별 특별한 생각 없는 평범한 소년의 이미지를 손에 쥐고 간다면 은수역의 이영애는 자신의 한계와 가능성에서 끊임없이 흔들리고, 반발하는 30대 여성의 이미지를 손에 쥐고 간다. 두 연기자가 모두 이 땅의 20대와 30대의 전형적인 이미지를 손에 쥐고 있으며, 그런 점에서 시나리오의 변화는 적절하다.

5) 은수, 대나무를 가볍게 잡다

상우와 은수는 대숲을 스치는 바람소리를 녹음하기 위해 산골을 찾는다. 상우는 대숲 한 복판에서 한 손을 귀에 대고 소리에 집중한다. 원고의 아이디어를 노트하다 은수는 그러한 상우의 모습을 응시한다. 소리에 관한한 상우는 엄청 진지한 것처럼 보인다. 은수는 상우의 자리에 와서 상우처럼 소리를 들어본다. 상우는 또 다른 자리를 찾아간다. 은수는 문득 자기 옆의 대나무를 바라본다. 손으로 가볍게 잡아 한 번 눌러본다. 위를 올려다보는 은수의 얼굴에 떠오르는 경이로운 표정. 그것은 소리였을까?

이 장면에서 이영애의 연기는 상세감각적으로 미묘하다. 상우의 진지한 모습이 은수에게 어떤 식으로든 작용했음에 틀림이 없다. 은수는 세상에 존재하는 다양한 감각적 차원에 욕심이 많은 여인일지도 모른다. 그래서 처음에는 상우를 흉내내보려 했을 것이다. 그러다가 자기 옆의 대나무를 손으로 누르게 되고, 그 진동이 소리를 빚어냈는지도 모른다. 옆으로 이동한 상우

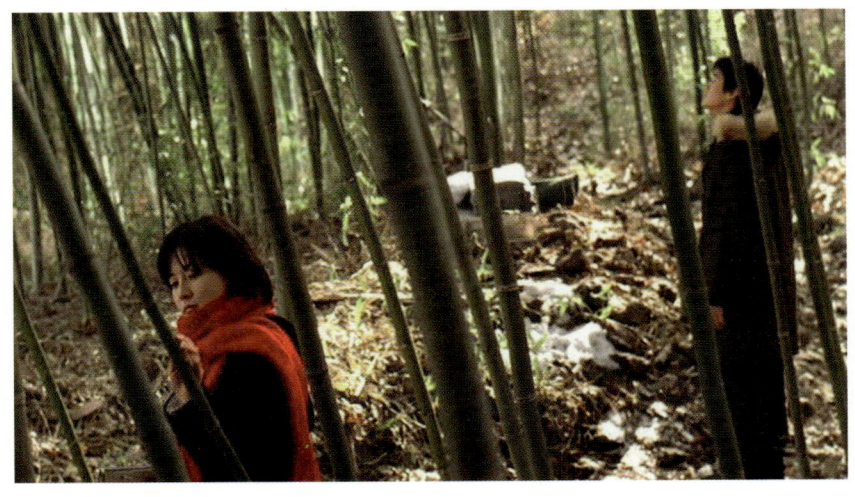

도 그 순간 그 소리를 쫓아 고개를 돌리게 된다. 아주 찰나적인 순간이지만, 한 순간 두 사람이 같은 소리에 집중한다.

하지만 여전히 그것은 소리였을까? 은수는 왜 문득 자기 옆의 대나무를 손으로 잡아 눌러 보았을까? 그것은 충동적이었다. 그 충동은 어디에 기인한 것일까? 촉각이었을까? 대나무를 손으로 가볍게 잡아 쥐는 은수의 몸짓은 거의 관능적이었다. 한 번의 대나무 진동이 야기한 것은 무엇이었을까? 그 순간 은수의 내면에서 경이롭게 깨어난 것은 무엇이었을까? 그것이 소리였다면 그 소리는 적어도 은수에게는 관능적인 소리였음에는 틀림이 없다. 이 미묘한 깨어남을 표현하는 이영애의 연기는 한 마디로 감각적이다.

그 짧은 순간 후 영화는 적당한 소리를 찾는 두 사람의 일상적인 모습과, 함께 대숲을 스치는 바람소리를 듣는 서정적인 장면으로 넘어간다.

시나리오에서 대밭을 찾아가는 장면이 있는데, 영화에서는 생략되었다. 상우는 오는 길에 약도를 잃어버렸고, 은수는 차안에서 잠이 들어 엉뚱한 곳을 찾아가는 장면이다. 상우는 잠든 은수를 깨우고 싶지 않았다. 영화에서 은수는 터미널에서 잠든다. 시나리오에서 대숲에서 소리를 따는 장면은 소리에 대한 은수의 감각을 보여준다. 은수는 대숲을 스치는 좀 더 가는 바람소리를 찾고 있는 중이다. 두터운 바람소리와 가는 바람소리…… 시나리오의 전체적인 분위기는 오로지 대숲을 스치는 바람소리에 집중되어 있다. 영화에서 대숲을 스치는 바람소리를 살려내기는 어려웠던 것 같다. 주로 음악으로 대체되어 있다.

6)은수 손가락에 피 멈추는 법을 가르쳐 주는 상우

녹음이 끝나고 두 사람은 대숲가에 자리잡은 산골집으로 돌아온다. 점심을 부탁해 놓았다. 은수가 산골집 할머니와 몇 마디 인터뷰를 한다.

"저 뭐 좀 여쭤 볼려구요."

"여쭤 봐."

할머니는 그냥 산골집 할머니인 것 같은데 억양이나 몸짓이 자연스럽다.

상우는 식사를 기다리며 툇마루에 앉아 있다. 마이크 커버의 털을 빗으로 손질하고 있다. 은수가 부엌에서 나오며 마치 멍멍이를 쓰다듬듯이 마이크를 쓰다듬는다. 또 다시 은수의 억압된 촉각. 그리고 상우를 만만하게 보는 것도 분명하다.

"녹음한 지 오래됐어요?"

"한 5년 됐어요."

"으응, 5년 치고 잘 하네."

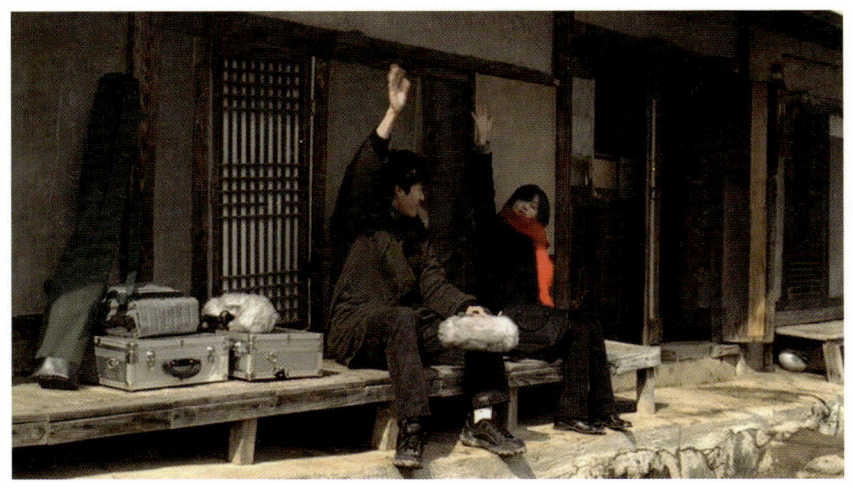

상우도 은수의 내려다보는 시선을 느낀다. 은수가 가방에서 종이를 꺼내는 순간 손가락에서 피가 난다.

상우가 할머니에게서 배웠다며 피 멈추는 법을 은수에게 가르쳐준다. 손을 심장보다 높이 하고 흔들면 된다. 은수가 할머니와 같이 살아 좋겠다하고 상우는 할머니가 지금 아프시다고 이야기한다.

이제 멍멍이 취급받던 상우가 주도권을 쥔다. 은수가 손을 소극적으로 흔들자 강력하게 말한다.

"이게 뭐에요. 이게. 이렇게, 자, 이렇게."

은수가 군말 없이 따라한다. 마치 서로 반갑게 만나 손을 흔드는 것 같다. 상우가 은수의 잠재된 관능적 충동을 자극하고 있음에 틀림없지 않을까? 은수의 경우 내면에서 작용하는 잠재의식의 미묘한 작용을 이영애는 제대로 손에 쥐고 있다.

점심상을 받았을 때에도 상우의 주도권은 계속 된다. 처음에는 산같이 쌓인 밥을 다 먹을 수 있다고 고집하던 은수가 기죽은 표정으로 한 숟갈 밥을 퍼 상우의 밥그릇에 얹어 준다. 시나리오에서 할머니 치매 이야기가 나오고, 은수가 사진 보여드리는 거라든지 화분 기르는 것 등에 대한 조언을 한다. 은수의 산 같은 밥을 상우가 떠갈 때에도 두 사람의 분위기는 상호 협조적이다. 관계에서 일종의 힘겨루기 같은 느낌은 없다. 상우가 차 키를 차에 꽂고 나왔다는 부분이나, 돌아오는 밤길에 하얀 소복을 입은 여자를 차에 태웠다가 은수에게 놀림 받는 일종의 개그 같은 부분에서 미미하지만 두 사람의 위계적 관계 설정을 볼 수 있다.

7)밤에 선글라스를 끼는 은수

두 사람이 개울 소리를 녹음하는 모습. 해는 저물어 가는데 열심이다. 그리고 밤. 돌아오는 차 안. 은수가 라디오를 켠다. 은수가 진행하는 프로그램의 녹음 방송.

"여기선 아나운서가 PD일도 해요."

무언가 좀 더 높은 곳을 향한 은수의 캐리어에 대한 야심 비슷한 것을 엿볼 수 있는 대목. 그런 은수의 기준으로 지금 나오고 있는 프로그램의 멘트들은 유치하다. 자신이 PD가 아니라 아나운서라 할 때 고개를 끄떡이는 상우의 반응이 문득 신경 쓰이는 은수의 미묘한 표정 변화.

은수는 라디오를 끈다.

"왜요? 좋은데요."

상우가 재미있어 하며 다시 튼다. 계속되는 은근한 힘겨루기. 은수는 가방에서 선글라스를 꺼내 쓴다.

"아, 쪽팔려."

자연의 소리와 같이 좀 더 고상한 프로그램에 대한 은수의 애착을 이해할 수 있다. 문화적 지위에 대한 은유로서 선글라스?

시나리오에서 은수의 방송이 나오기 전 은수는 들을만한 테이프를 뒤지며 말한다.

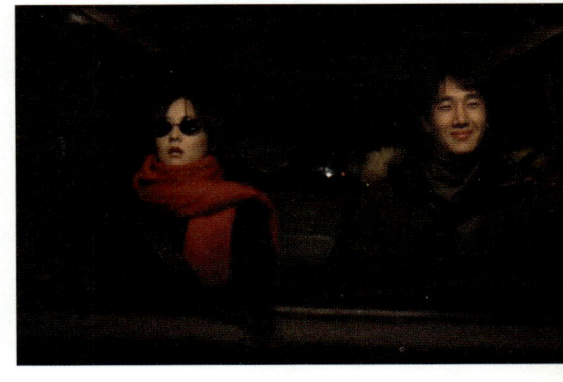

"뭐 들을 만한 거 없어요? 여자만 태우면 트는 테이프 있을 거 아녜요?"

시나리오에서는 이제야 상우를 남자로 보는 은수의 잠재적 욕망이 드러난다. 물론 상우를 어리게 보는 느낌도 있다. 그리고 여관 장면이다. 상우와 은수 두 사람 다 잠이 오지 않는지 창문을 열고 밖을 보는 장면이다. 이 장면은 영화에서 생략되어 있다.

8)소화기 작동법

이제 영화사 100년에 연기 미학적 관점에서 가장 미묘하고도 노골적인 여성의 성적 은유 장면이 시작한다. 대숲에서 은수가 가볍게 대나무를 쥐는 장면도 이 장면과 관련 된다. 늦은 시간 상우와 은수는 불 꺼진 스튜디오에 도착한다.

"불 좀 켜주실래요?"

은수가 다시 주도권을 잡는다.

녹음했던 대숲을 스치는 바람소리 중 어떤 소리를 택할 것인가를 두고 은수와 상우의 의견이 엇갈린다. 상우가 음향 전문가니까 웬만하면 상우의 판단을 참작할 것이겠지만, 은수의 자기 확신은 남다르다.

상우가 마음이 상해 있을 때 은수는 방송을 녹음하면서 뜻밖에도 상우가 부드럽다고 주장한 대숲 바람소리를 선택한다. 그리고 일반적인 호의를 넘어선 은근한 눈빛으로 상우를 바라본다. 상우의 만족해하는 옆모습이 녹음실 유리창에 은수의 얼굴과 나란히 비친다. 은수는 계속 상우의 눈을 탐색하듯 들여다보고, 기분이 풀어져 은수를 바라보는 상우와 눈이 마주치자 친절과 유혹의 경계선상에서 묘한 웃음을 웃는다.

이영애가 마음먹고 연기를 하는 장면이다. 대숲에서 시작한 은수의 잠재적인 어떤 충동이 본격적으로 표면에 떠오르기 시작한다. 심란한 마음을 달

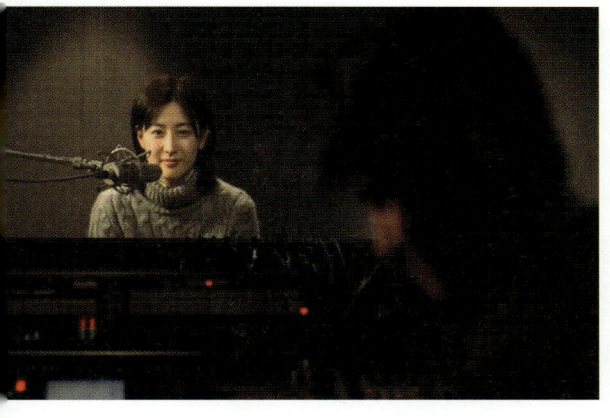

래주는 대나무 바람소리의 영향이 었을까? 아니면 심통난 상우의 옆 모습에서 느껴지는 어린아이 같은 모습에서 일종의 모성애적 작용? 그보다는 은수가 상우에게서 성적 충동을 느낀 것이 확실한 것 같고, 얼마간 잠재의식적일 수는 있겠지 만 상우의 호감을 기대하고 있는 부분도 확실히 있어서 은수 입장에서 일종의 조심스러운 성적 접근의 측면 이 틀림없다.

사실 강릉터미널에서 은수가 잠든 것도 30대 이혼 여성의 외로움이라는 측면에서 이해할 수 있다. 우리나라에서 30대 이혼 여성이 누군가의 따스한 체온이 그리울 때 그 충동을 어떻게 해소할 수 있는지 필자로서도 확실치가 않다. 은수의 경우 조금 후에 나오지만 술의 도움을 많이 받는 편으로 보인 다. 아니면 혼자 늦은 시간까지 일에 집중하는 모습도 짐작할 수 있다. 굳이 사랑이라는 감정을 운운할 필요 없이 은수는 지금 상우의 따스한 체온을 원 한다. 필자는 그것을 눈치 챘다. 상우는 은수의 접근을 눈치 채고 있을까?

녹음에 만족한 두 사람이 복도에 나와 커피를 마신다.

"밤에도 일 하려면 피곤하지요? 식구들이 걱정 안 해요?"

"걱정 해 주는 사람이 있으면 좋겠다."

"결혼해요, 그럼."

"해 봤어요, 한 번."

그러더니 은수가 느닷없이 상우에게 묻는다.

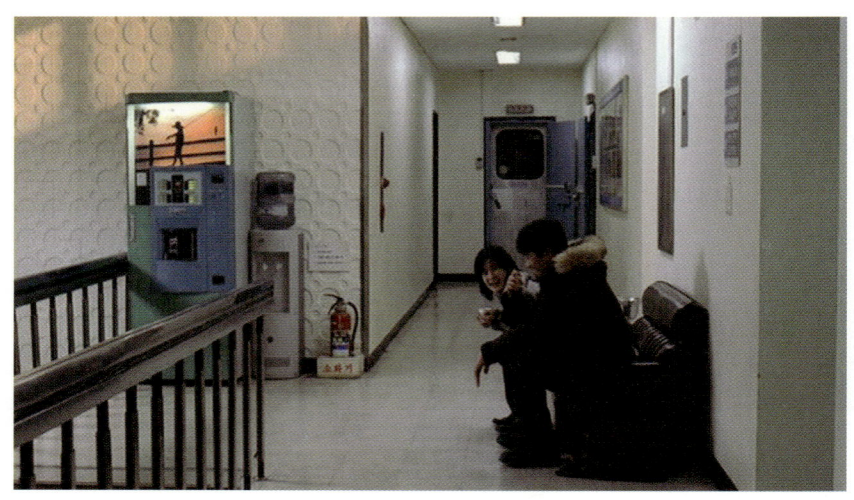

"소화기 사용법 알아요?"

일반적으로 이런 상황에서 여자가 남자에게 소화기 사용법 같은 거 묻지 않는다. 지금 소화기 사용법은 무엇을 의미하는가?

한 마디로 이 장면은 엄청난 장면이다. 은근한 성적 암시가 대숲에서 녹음실을 거쳐 이제 정점이다. 이영애는 자신의 역할을 명확하게 손에 쥐고 있다.

"안전핀을 뽑은 후, 노즐을 화원으로 향하고, 손잡이를 강하게 움켜쥔다."

노즐에서 손잡이로 갈 때 은수는 10초 남짓 말을 멈춘다. 한 동안 소화기를 보다가 홍조 띤 얼굴로 상우를 보고 부끄러운 웃음을 지으며 말을 잇는다.

"손잡이를 강하게 움켜쥔다."

상우도 따라 웃는다.

"커피 마시면서 외웠어요."

상우가 고개를 돌려 은수를 본다. 상우의 눈치를 살피던 은수가 미묘한 미소와 함께 긴 의자 뒤로 고개를 누인다.

　이 땅에서 살아남아야 할 건강한 30대 이혼 여성의 부끄러움이자 조심스러움이다. 늦은 밤 혼자 작업하다 복도에 나와 커피를 마시며 문득 소화기 사용법에서 성적 은유를 깨달은 은수의 당혹감을 미루어 짐작할 수 있다. 그래도 은수는 대담하다. 풋풋하고 부드러운 상우에게 은수가 느끼는 충동은 얼마든지 이해할 수 있다. 상우도 어렴풋이나마 눈치 챘다. 은수가 말을 잇지 못하고 머뭇거리던 10초 동안 은수의 내면에 떠올랐을 이미지를 상상해보라. 그것을 이영애는 눈부시게 표현한다. 한 마디로 이 장면은 연기자 이영애를 위한 장면이다. 그리고 그 미묘한 대사를 풀어가는 이영애의 호흡에는 조금의 허술함도 없다.

　시나리오에서 이 장면은 낮 시간에 전개된다. 은수는 동료들과 함께 일하고 있고 바람소리를 놓고 두 사람의 갈등 따위도 없다. 30대 이혼 여성인 은수의 잠재된 성적 욕구가 이 장면의 핵심이다. 단지 은수로 하여금 대담한 접근을 가능하게 한 상우와의 대화가 있다.

　"결혼······ 안 하셨나 봐요."

　"해봤어요."

　"좋겠다."

　"좋겠다?"

　이 대화 후 은수의 소화기 사용법이 시작한다. 성을 합법화하는 제도화된 결혼에 대한 일종의 반발일 수도 있고, 아니면 더 단순하거나 더 복잡한 배경들이 작용할 수도 있겠지만 핵심은 여전히 30대 이혼 여성의 성을 둘러싼 딜레마이다. 문제는 "불 좀 꺼주실래요?"의 시점이다. 그리고 그 시점을 그리 오래 기다릴 필요는 없을 것 같다.

9)양산을 든 여인

상우가 강릉에서 집에 오니 저녁이다. 마루에서 아버지는 TV에 연결된 노래방 프로그램으로 「미워도 다시 한번」을 열창하고 있고, 할머니와 고모가 듣고 있다. 아버지는 노래방을 좋아하는 듯 싶고, 다분히 효자인 듯도 하다. 상우 어머니는 돌아가셨고, 고모가 집안 살림을 돌보고 있는데 자기 생활과 치매 어머니 뒷수발에 좀 진력이 나 있는 느낌이다. 아버지 노래가 끝나니, 할머니가 주머니에서 100원짜리 동전을 꺼내 아버지에게 주신다. 아버지는 박인환, 고모는 신신애가 연기한다. 비교적 역할에 자연스럽다.

상우와 고모가 할머니 방에서 할머니와 함께 앨범을 본다. 치매 할머니에 대한 일종의 테라피인 셈이다. 우연처럼 상우와 고모의 손가락이 두 장의 양산 든 할머니 사진들을 가리킨다. 양산 든 할머니의 뒷모습 사진은 확대되어 벽에도 걸려 있다. 할머니는 할아버지의 젊었을 적 사진에 애정을 표시한다. 그러나 할아버지의 좀 더 나이 드신 모습에는 반발한다.

"누구냐, 이 늙은인?"

삶의 어느 시기에 할아버지가 바람을 피우셨고, 치매가 온 할머니는 결국 그때의 충격을 해결 못 하고 그 이전의 할아버지만 기억하고 싶은 것이다.

문제는 할머니 양산 든 사진이다. 왜 양산 든 사진인가? 이 땅의 여인들에게 양산은 무엇을 의미하는가? 햇빛을 가려주는 것? 왜 햇빛을 가리는가? 햇빛으로부터 자신을 보호하기 위해? 그렇다. 자신을. 물론 궁극적으로는 남성을 위한 것이기도 하겠지만, 여성성의 은유로서 피부를 보호하는 구실. 일반적으로 남성이 양산을 쓰지는 않는다. 그러니까 양산은 아마 이 땅의 여성들이 처음으로 오로지 자신만을 위해 확보한 자신만의 공간.

영화 후반부에 죽음에 대한 은유로서 곱게 한복을 차려 입으시고 양산을 들고 골목길을 나서는 할머니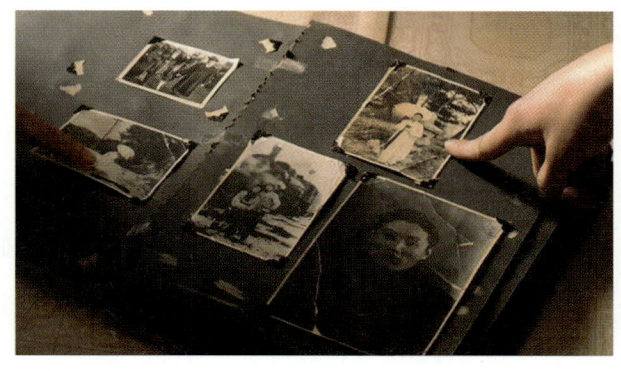
의 모습이 잡힌다. 할머니는 할
아버지에 대한 집착을 놓고 다
시 자신의 모습이 되어 양산을
받쳐 들고 길을 떠난다. 그 날
이 할머니의 봄날이다. 영화 후
반부에 양산을 쓴 은수의 모습
도 보인다. 「봄날은 간다」에서 할머니와 은수는 그렇게 겹쳐진다.

　시나리오에서 앨범 속 양산 사진에 대한 언급은 없지만, 벽에 걸린 양산
사진에 대한 언급은 분명하다. 일반적으로 가정에서 사진을 확대해서 벽에
걸 때 뒷모습을 선택하지는 않는다. '봄날'과 '간다'의 이미지가 합쳐 있는
느낌의 작용. 이 느낌이 이 작품의 주제이다. 사랑의 무상함과, 그리고 그 집
착으로부터의 자유로움. 연기자들이 이 주제를 손에 쥐고 연기할 때 전체적
으로 주소가 분명한 연기가 나온다. 과연 「봄날은 간다」는 그러한가?

　부엌에서 상우는 사과를 깎고 고모는 설거지를 한다.

　"근데 왜 바람 폈데?"

　"살다보면 그럴 수도 있단다."

　"그래?"

　상우의 아이 같은 모습이 여실히 드러난다.

　"상우야, 너 할머니 돌아가시기 전에 장가가라."

　이 집안에 여자 손이 하나 더 늘어나면 고모가 편해질 건 분명하다. 시나
리오에는 손주라도 보면 할머니 치매에 도움이 될지도 모른다는 대사가 있
다. 할아버지는 바람둥이셨고 아버지는 일편단심이셨는데, 상우는 어떨까

에 대한 암시도 있는데 영화에선 생략되었다. 장가가라는 이야기에 영화에서 상우는 그냥 씩 웃는다.

깊은 밤 강릉에는 봄을 재촉하는 비가 내린다. 은수가 망설이다가 상우에게 전화한다. 다음 주 월요일에 다시 소리 따러 나가자고 제안한다. 다음 주 월요일이라…… 상우는 어떤 예감에 설레인다. "아이고." 강릉에 내리던 비가 서울로 올라온다. 은수에게서 작용이 시작된 남녀상열지사男女相悅之詞의 예감에 설레는 상우의 소년 같은 모습을 유지태가 적절하게 표현한다.

시나리오에선 전화선을 타고 빗소리가 올라온다. 그밖에 상우가 이런저런 소리들과 함께 작업하는 장면이 나오고, 보통 사람들의 노래 녹음 CD 만 들어주는 일에 대해 상우와 선배가 나누는 대화가 있다. 아무래도 영화에서 소리를 잡는 일은 어려웠던 것 같다.

10) 상우, 사랑을 시작하고 있는가

바람에 울리는 절의 풍경소리를 잡으러 산사를 찾은 두 사람. 부처님께 절을 올리는 은수의 모습이 종종 절을 찾는 듯싶다. 지금까지와는 다르게 연약해 보이는 은수에게서 무언가 간절한 기도의 느낌도 있다. 그 모습을 눈여겨보는 상우. 은수라는 존재가 인간적인 모습으로 다가온다.

함께 걸으며 은수에게 아까 뭐 빌었냐고 묻는다. 은수가 웃으며 뜸을 들이더니 상우를 보며 말한다. "까먹었다." 그리고 고개를 한껏 뒤로 재친다. 이 순간이 연기 미학적 맥락에서 한 지점이다. 관객은 상우에게서 이제 막 사랑이 시작하는 한 남자를 본다. 상우가 은수를 보는 시선을 보라. 상우는 엄숙하게 한 존재로서 은수의 모습을 본다. 이제 은수는 막연한 남녀상열지

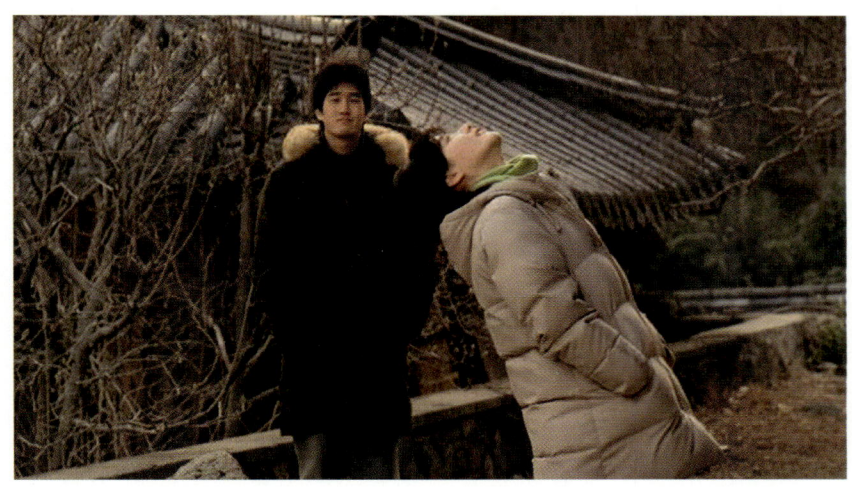

사의 대상이 아니다. 연기자 유지태는 자신의 역할을 손에 쥐고 있다. 몸을 다시 바로 하면서 은수 가볍게 한숨을 쉰다.

시나리오에서 은수는 "뭘 간절히 바라다가도 곧 잊어요 그냥. 다 변하고, 잊고, 그런 거지 뭐"라고 대답한다. 세상사의 무상함이다. 어쩌면 이것은 반어법적인 것일지도 모른다. 잊고 싶지만 잊기가 힘든 것도 있지 않을까? 30대 초반에 이혼한 사람의 사연이 평범할 수는 없다. 그 기억과 함께 새로운 관계를 시작할 수 있을 만큼 은수는 용감한가?

이미 대숲과 스튜디오 긴 의자에서도 작용을 시작한 고개를 뒤로 재치는 은수의 모습이 관능적인 것은 분명하다. 그러면서 동시에 무언가 용기를 구하는 자세로도 보인다. 육체적인 관능과 정신적인 갈구의 미묘한 조합. 이영애는 자신의 역할을 명확하게 손에 쥐고 있다. 그 은수를 바라보는 상우의 시선이 엄숙한 것도 이해할 수 있다. 지금 상우에게 은수는 단순한 시선의 대상이 아니라 그 자체로 의미 있는 존재이다. 상우는 사랑을 시작하고 있는가?

11) 은수, 사랑을 시작하고 있는가

절에 바람이 없어 바람을 기다리며 두 사람은 절에서 하룻밤을 잔다. 절에 나란히 방 한 칸씩을 얻은 두 사람. 상우가 툇마루에 나와 담배를 필 때은수 방 창호지문으로 은수의 그림자가 비친다. 서로를 의식하지 않을 수없는데, 그것을 전혀 드러내지 않는다. 시나리오에서 처음 만난 날 여관 장면이 이 장면인 셈인데 상우의 담배와 은수의 그림자가 두 사람의 은근한관심을 암시할 뿐이다. 땔감을 들고 지나가는 동승은 상우의 플라토닉한 순수함을 암시한다.

어렴풋한 풍경소리에 잠이 깬 은수. 문을 열고 밖을 보니 눈이 내리고 있다. 바람이 좋다. 불당 앞에서 이미 녹음 준비를 끝낸 상우가 바람에 맑게 울리는 풍경소리를 녹음하고 있다. 눈이 쌓이기 시작한다. 조심조심 다가간은수, 상우 옆에 쪼그리며 앉으며 가벼운 안도의 한숨소리를 낸다.

상우가 작업하기 위해 귀에 끼고 있는 것은 엄청난 성능의 헤드폰. 그 한숨소리를 놓칠 수 없다. 그 소리를 들은 상우의 얼굴에 쑥스러운 미소가 퍼진다. 은수의 안도가 주는 뿌듯한 기쁨일 수도 있겠지만, 귓전에 울리는 은수의 한숨소리에 내포된 관능성에 대한 상우의 첫 반응일 수도 있다. 그것을 눈치 챘는가? 은수의 얼굴에 미묘한 미소가 뜬다.

다음날 짐을 꾸려 나오던 은수는 툇마루에 앉아 기둥에 기댄 채 잠들어 있는 상우를 본다. 이제 은수의 차례가 왔다. 연기 미학적 관점에서 한 지점. 지금까지 은수에게 단지 관능의 대상이던 상우가 이제 인간으로서 자신의본질을 드러낸다. 물론 그러기 위해서 지난 밤 상우가 보여준 헌신적인 작업에의 몰입이 중요한 역할을 했을 것이다. 그리고 상우에게는 그 헌신이당연할 수밖에 없었다. 연기자 이영애는 자신의 역량을 총동원해서 가능한

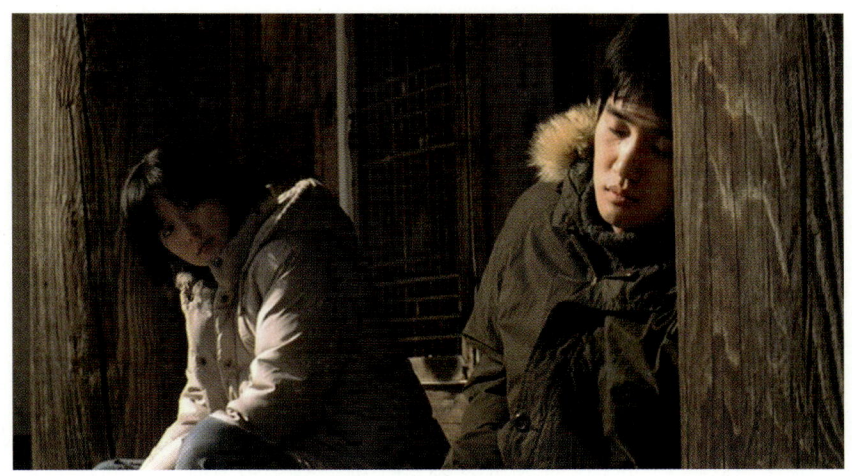

한 순수한 경이를 담아 상우를 본다. 이제 은수는 사랑을 시작하고 있는가?

시나리오에 있는 보리밭을 스치는 바람 소리에 대한 상우와 은수의 대화가 여기에서 나온다. 앞에서 거론했지만 영화에선 엄청 의미심장한 마지막 장면이 그 보리밭 소리를 따는 상우의 클로즈업 된 얼굴이다. 영화에서 그 얼굴을 딱 정지시킨다. 관객이 영화의 주제를 파악하는 데에 강력하게 작용하는 하나의 지점이지만 전후사정 없이 나오는 장면이라 사실 좀 뜬금이 없다. 시나리오에서 보리밭을 스치는 바람에 대한 대화는 마무리보다 조금 앞에 나온다.

그밖에 시나리오와 영화의 두드러진 차이는 시나리오에선 은수가 상우를 깨운다. 눈은 펑펑 함박눈이다. 눈 쓰는 빗질소리도 나온다. 소리를 녹음하는 과정에서 상우라는 존재 자체에 대한 은수의 관심이 조금씩 깨어나는 것을 시나리오에서 확인할 수 있지만 은수에 대한 상우의 관심은 아직 좀 희미하다. "아이고" 같은 대사는 없다.

12) 라면 먹을래요?

일을 끝내고 상우가 은수를 집에까지 바래다준다. 헤어지기가 아쉬운 두 사람. 은수가 내리려는 순간 상우가 은수를 부른다.

"저기요."

은수가 돌아보자 손을 내민다. 은수가 그 손을 잡는다. 그 손에서 확실하게 전해지는 무엇? 미련을 접듯 차에서 내린 은수가 다시 차문을 열고 상우에게 말을 건넨다.

"라면 먹을래요?"

이미 비오는 밤 상우에게 전화할 때부터 예감은 있었지만 상우의 손을 잡을 때 은수에게는 확신이 있었다.

이제 연기 미학적 관점에서 아주 흥미로운 상황이 시작한다. 이혼한 30대 연상의 여인이 연하의 남자를 집에 부를 때 전개되는 미묘한 몸짓과 말투의 도전. 유지태는 적절하게 이영애의 눈부신 연기를 위한 자리를 마련해준다.

대충 어지르고 사는 처지라 은수가 아파트를 서둘러 치우는 모습이 조금 열린 문 사이로 보인다. 상우는 문밖에서 기웃거린다. 정리가 끝나 은수가 문을 열어 상우를 집안으로 들인다. 은수 생각보다 큰 상우. 옹색하게 서로의 가슴이 스치자 은수 문을 더 크게 연다.

시나리오에서 산사를 찾을 때 커다란 상우의 몸과 그 몸에 의지하는 듯싶은 은수의 몸을 대조시키는 장면이 있다. 이 장면이 그 장면인 셈인데, 은수의 집에 남자의 출입이 거의 없다는 암시이기도 하다. 상우가 안으로 들어가고 304호 아파트 문을 닫을 때 상우에게서 남성을 느낀 은수의 표정이 거의 조심스러움이라 할까, 당황스러움에 가깝다. 어쩌면 주변을 살피는 느낌도 있을까?

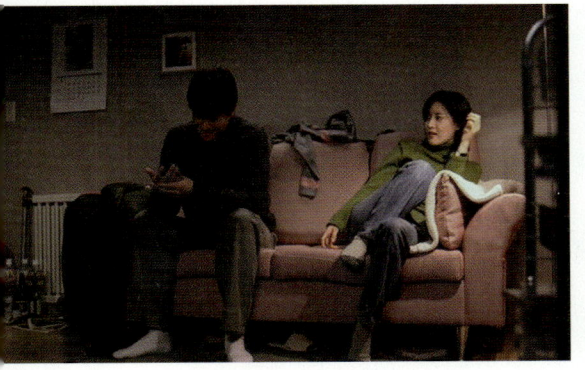

소파에 상우와 나란히 앉은 은수. 소파 옆으로 술병들이 보인다. 상우가 술병들을 눈치 챈다. 은수가 소파에 앉은 자세가 묘하다. 한 손으로는 머리를 만지작거리고 있고 다른 손은 소파 위에서 상우 쪽으로 예민한 촉수처럼 작용한다.

"재미있는 얘기 좀 해봐요."

"라면에 소주 먹으면 맛있는데, 나 재미있는 얘기 몰라요. 원래 썰렁해."

"재밌다."

은수의 말투 또한 앉은 자세만큼 묘하다. 상우를 보고 짓는 웃음도 묘하다.

은수가 소파에서 일어나 싱크대로 간다. 라면 봉지를 뜯고 라면 물을 확인한다. 물이 끓으려면 아직 좀 더 시간이 걸린다. 손으로 머리를 한번 넘기더니 은수 상우 쪽으로 몸을 돌린다. 은수, 사슴처럼 순수한 눈망울을 한다.

"자고 갈래요?"

"라면 먹을래요?"에서 "자고 갈래요?"의 당연하면서도 놀라운 전개이다. 아무리 순수한 표정을 해도 이런 말을 하는 은수가 오로지 사슴처럼 순수할 수만은 없다. 은수의 말에 담긴 의미를 눈치 챈 상우가 약간 얼빠진 웃음을 웃자, 잠깐 어색한 순간 후 은수가 짓는 웃음에는 찰나적으로 유혹적인 욕망이 있다. 마음을 가다듬으며 은수가 생 라면을 한입 씹는다. 은수, 상우를 보며 웃는다. 위험하다기보다는 상우를 편안하게 하는 웃음이다. 화면에 나오지는 않지만 지금 은수 눈에 비치는 상우의 얼굴을 짐작할 수 있다.

"라면 먹을래요?"에서 "자고 갈래요?"까지 상세감각적 연기의 한 전형으

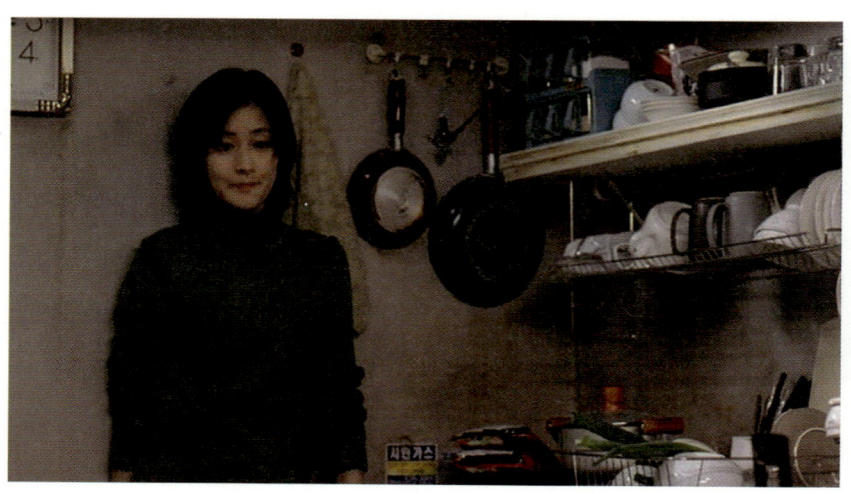

로서 은수를 완벽하게 손에 쥔 이영애의 회심의 장면이라 할 수 있다. 연기자 이영애의 머리 위로 북극성이 뜬다.

이렇게 기가 막힌 장면이 바로 다음날 아침으로 넘어간다. 상우가 은수 침대에서 떨어지며 눈을 뜬다. 은수는 마루에서 자고 있다. 라면에 양주, 소주, 맥주를 섞어 마셨다. 상우 비틀거리며 은수 곁에 가 눕는다. 상우가 자는 은수를 바라본다. 은수, 미소 지으며 눈을 뜬다. 상우, 은수 머리를 쓸어준다. 이마에 입을 맞춘다. 은수가 입맞춤을 원하는 표정을 짓고 두 사람은 진한 애무를 시작한다. 은수의 욕망이 강하게 작용하지만 은수 이쯤에서 욕망을 조절한다.

"우리 좀 더 친해지면 해요. 응?"

상우, 호흡을 가다듬는다. 은수 손을 잡아 한, 두 번 쓸다가 일어선다. 백조처럼 서 있던 은수의 손이 접혀진다.

밖으로 나온 상우 바닷바람을 느낀다. 갑자기 충동적으로 길을 따라 달린다. 문득 고개를 들어 은수 집 쪽을 바라보니 은수가 잠옷 바람에 창을 열고, 보고 있다. 은수, 손을 흔든다. 상우도 어색하게 손을 흔든다.

"아, 쪽팔려."

상우의 사랑은 이렇게 구김살 없이 시작하고 은수의 짧은 한숨에는 새로 시작하는 관계 앞에서 빛과 그림자가 교차한다.

시나리오에서 은수는 바로 상우에게 대수롭지 않게 제안한다. "차 한 잔 하고 갈래요?" 반면에 영화는 좀 더 조심스럽다. 어쨌든 시나리오에는 없는 초대의 멘트로 "라면 먹을래요?"는 걸작이다. 이 멘트는 나중에 상우의 분노로 연결된다. "내가 라면으로 보여?" 일단 은수의 아파트에 상우가 들어온 후 시나리오는 급격하게 전개된다. 두 사람이 술을 엄청 마시고 각각 흩어져서 잔 다음날 아침 상우가 은수에게 다가가 입을 맞춘다. 일단 진한 애무까지는 O.K. 그리고는 몸을 빼는 은수.

"좀 더 친해지면 하죠."

"미안해요."

"아냐…… 내가 미안해."

"저 갈게요."

약간 상기된 표정으로 차에 오르는 상우에게 은수는 전화를 하고 상우가 돌아보자 창가에 서서 손을 흔드는 은수가 보인다. 대충 이런 양상이다. 상우에 대한 은수의 호감과 성적 충동을 상우가 대충 눈치를 챘고, 적당한 선에서 은수가 육체적 관계까지의 수순을 조절한다.

영화는 심리적으로 좀 더 미묘하다. 은수에 대한 상우의 감정이 설레이는 사랑의 씨앗을 품고 있고, 은수 또한 무언가 호감 이상의 감정이 분명한데 연하의 상우를 육체적 관계로 끌어가는 은수의 몸짓과 말투가 절묘하다. 이영애와 유지태의 호흡이 아주 좋다.

이어지는 베드씬은 정해진 수순이다. 상우가 은수의 등을 긁어주고 있다. 은수가 상우의 품으로 파고든다.

"같이 있으니까 참 좋다."

은수의 손이 소중하게 상우의 가슴과 팔을 느낀다. 은수는 그렇게 따스한 사람의 체온이 그리웠던 것이다. 그 손길을 느낀 상우의 손이 은수의 어깨를 조심스럽게 다독거릴 때 은수가 상우의 가슴을 손바닥으로 철썩 친다. 두 사람이 함께 웃는다. 여전히 계속되는 힘겨루기?

두 사람이 벗은 몸으로 함께 침대에 있는 이 장면은 시나리오에 없다. 그 냥 둘이 함께 있을 시간을 확보하느라 녹음테이프의 빗소리를 이용하는 장면이 있고, 은수의 대사가 있을 뿐이다.

"그럼 우리 이제 친해진 건가?"

은수나 상우나 아직 사랑이라는 말을 쓰지 않는다. 시나리오의 경우 어떤 의미에서 여기까지가 프롤로그인지도 모른다. 일단 친해지고 난 후 사랑의 무상성과 그 과정이 좀 애매하기는 해도 사랑이라는 집착으로부터의 자유.

13)상우의 배에 가벼운 펀치를 날리는 은수

봄이 왔다. 상우 할머니는 노래 「봄날은 간다」를 흥얼거리신다. 상우 얼굴에 사랑의 기쁨이 묻어나고, 녹음실 동료들도 무언가가 진행 중임을 눈치챈다. 동료들과 술자리 중에 은수와 통화를 하는 상우는 은수가 너무 보고싶다. 택시를 모는 친구를 불러 강릉으로 가자고 조른다.

"정국아, 나 좋아하는 사람 생겼다…… 강릉 산다…… 보고 싶다."

새벽에 가까운 밤. 닭소리가 들린다. 은수가 길에 나와 상우를 기다린다. 만나는 두 사람. 술에 취한 상우가 엄청난 기세로 은수를 껴안는다. 은수가 상우의 배에 가벼운 펀치를 날린다.

"술 마시니까 멋있다."

상우 다시 은수를 껴안고 사랑이 흘러넘치는 소리를 낸다.

"좋다."

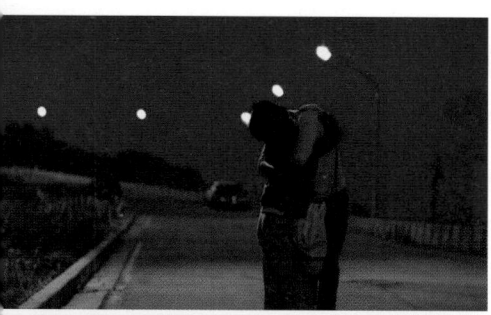
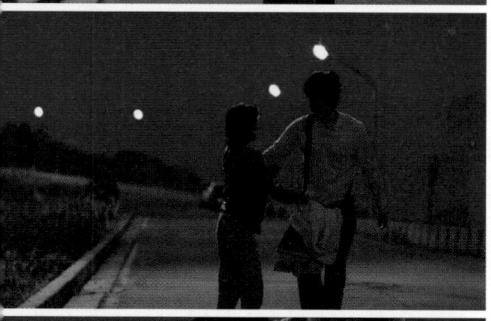
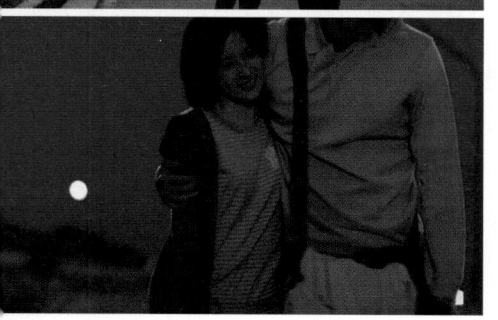

상우는 정말 좋아 보인다. 왜 안 그렇겠는가. 그런데 은수는? 상우의 배에 날린 가벼운 펀치는 그냥 좋기만 해서 날린 펀치였을까?

물론 좋기도 하겠지만 그것은 두 사람 사이의 관계에서 계속되는 힘겨루기의 한 측면이다. 아무리 친구라도 영업용 택시를 모는 형편의 친구에게 강릉까지의 주행은 큰 부담일 것이고, 직장에 가야 하는 은수에게도 새벽에 들이닥치는 상우가 부담되는 부분도 틀림없이 있을 것이다.

그래도 술 취한 상우가 멋있다. 무언가 온몸을 불태우는 삶의 박력이 은수에게 멋있는 것이다. 은수는 그렇게 살고 싶었을 것이고, 가능하면 그렇게 살고자 할 것이다. 어쩌면 은수의 이혼이 그것과 관련이 있을 지도 모른다. 술에 취한 상우의 박력이 은수 내면의 무엇인가를 자극했고, 그래서 펀치를 날리는 은수.

하지만 상우의 박력은 술기운이다. 그 술기운이라는 것이 얼마나 가겠는가? 한번 이혼한 은수는 그런 기운의 무상함을 잘 알고 있을 것인데, 이런 것이 사랑인가? 이것이 봄날인가? 지금 이렇게 봄날은 가고 있는가? 상우의 품에 안겨 집으로 들어가는 은수의 밝은 표정에 아주 미묘한 착잡함이 스친다.

시나리오에서 상우는 차분하다. 오히려 은수가 상우를 강릉으로 부른다. 은수가 상우를 사랑하는지는 확실치가 않지만, 상우의 따스한 체온이 그리운 건 분명하다. 은수에 대한 상우의 감정도 사랑인지가 모호하다.

시나리오에서는 상우 가족들에 대한 부분이 두드러진다. 젊었을 때 죽은 아내에 대한 그리움의 빈자리로 아버지의 노래에 대한 집착. 가령 라디오 노래자랑 프로그램이라든지, 아니면 TV의 전국노래자랑. 또는 노래 녹음 CD 제작 같은 것. 할머니 치매와 관련된 사진 확대 작업들, 슬라이드와 환등기, 신발을 감추는 할머니 등등. 시나리오는 이렇게 일상 속에서 우리 모두의 가는 봄날을 잡고 있다. 상우와 은수의 관계는 두 사람이 공원에서 데이트를 하는 모습처럼 비교적 담담하게 그 일상의 한 부분을 이룬다.

영화에서 데이트 장면은 강릉 박물관이다. 여기에서도 두 사람의 힘겨루기는 계속된다. 강릉의 옛 사진과 현재 사진을 놓고 은수가 상우를 놀린다. 그것을 눈치 챈 상우가 씩 웃으며 앞서가는 은수에게 아무 말도 없이 오던 길로 돌아간다. 은수가 종종 뛰면서 상우를 따라 뛰어간다. 시나리오에서는 없는 장면이다.

14)은수와 상우 나란히 서서 부부의 무덤을 바라보다

은수, 상우 차를 운전한다. 악셀은 상우에게 맡기고 핸들만 잡고 있는데 서툰 주제에 대담하다. 악셀을 밟고 있는 상우에게 말한다.

"속력 좀 더 내봐요."

두 사람 국도변에 차를 세우고 내린다. 봄이 화창하다. 소 울음소리도 들린다. 이제 영화 「봄날은 간다」의 국면이 전환되기 시작하는 한 지점이 시작한다. 작품의 주제에 따른 연기자들의 비교적 주소가 분명한 연기를 볼 수 있다.

길 맞은편 비탈, 나무 아래에 나란히 서 있는 부부의 무덤이 있다. 은수가 상우의 팔짱을 끼며 묻는다.

"상우씨, 우리도 죽으면 저렇게 같이 묻힐까?"

상우 대답 없이 팔을 돌려 은수를 안아준다. 뻐꾸기 소리가 들린다. 은수가 다시 묻는다.

"응? 대답해."

상우, 웃기만 한다.

"싫어?"

상우, 은수 입에 입을 맞춘다. 은수를 소중하게 안아준다.

앞에서도 여러 번 되풀이했지만 「봄날은 간다」의 일차적인 주제는 사랑의 무상함과 그 집착으로부터의 자유라 할 수 있다. 거기에서 파생된 중요한 주제는 소통이다. 「봄날은 간다」의 경우 차라리 소통의 부재라 해도 좋다. 이제 상우와 은수 두 사람의 문제가 드러나기 시작한다. 사실 이것은 두 사람만의 문제는 아니며, 이 땅의 많은 젊은이들이 겪고 있는 관계의 아픔이기도 하다. 좀 더 정확히는 관계의 아픔을 풀어내는 방식이라고나 할까. 사랑이 무상할지라도 그 집착으로부터의 자유가 꼭 헤어짐일 필요는 없다.

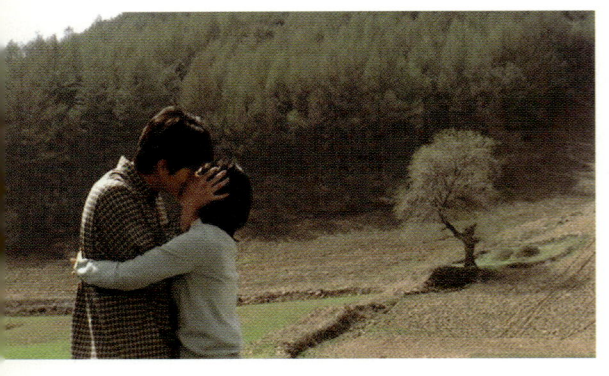

문제는 소통이다.

은수가 두 번, 세 번에 걸쳐 상우에게 물을 때, 그 물음에는 은수로서는 절박한 어떤 것이 내포되어 있는데 상우는 그것을 들으려 하지 않는다. 대답하기 어려운 질문이어서 그럴 수도 있지만, 사실 부드러운 입맞춤으로 문제를 회피하고 있는 것이다. 은수에게 새로 시작하는 관계는 이미 그 끝이 보이기 시작하는 두려움이다. 상우의 부드러운 포옹은 단지 일시적인 입막음일 뿐이다. 유지태는 이 땅의 전형적인 남성의 모습을 연기한다. "내가 이렇게 당신을 사랑하는데 무슨 걱정이 필요해." 사랑이 문제의 해결이 아니라 바로 그 사랑이 문제인 것이다. 은수는 벌써 그것을 겪었고, 상우는 이제 그것을 겪을 것이다.

시나리오에선 이 장면 대신 은수의 다른 물음이 있다.

"상우씨 죽을 때 기억 하나만 가져가라고 하면 뭐 가져갈 거야?"

"글쎄……"

"나?"

앞에서도 언급했지만 시나리오에는 "다 변하고, 잊고, 그런 거지 뭐"라는 은수의 대사가 있다. 이 물음도 그 맥락으로 영원히 변치 않는 사랑에 대한 은수의 불확실한 감정이 담겨 있다. 만일 상우가 "어떻게 사랑이 변하니?" 같은 입장을 취하고 있다면 두 사람이 문제를 풀어갈 수 방법은 소통뿐이 없다. 그런데 이미 두 사람 사이에 눈에 보이지 않는 담의 존재가 드러나기 시작하는 것이다.

영화의 배경에는 다양한 방식으로 옛 노래 「봄날은 간다」가 흐른다. 영화의 주제곡으로 옛 노래 말고 김윤아가 부른 「봄날은 간다」도 있다. 그러나 필자의 생각에 영화 「봄날은 간다」의 진정한 주제곡은 김윤아가 부른 다른 노래 「담」이다. 여기 그 가사를 적어본다.

우리 사이엔 낮은 담이 있어
내가 하는 말이 당신에게 가 닿지 않아요.
내가 말하려 했던 것들을 당신이 들었더라면
당신이 말할 수 없던 것들을 내가 알았더라면.
우리 사이엔 낮은 담이 있어
부서진 내 맘도 당신에겐 보이지 않아요.
나의 깊은 상처를 당신이 보았더라면
당신 어깨에 앉은 긴 한숨을 내가 보았더라면.
우리 사이엔 낮은 담이 있어
서로의 진심을 안을 수가 없어요.
이미 돌이킬 수 없을 마음에 상처
서로 사랑하고 있다 해도 이젠 소용없어요.
나의 다친 마음을 당신이 알았더라면
당신 마음에 걸린 긴 한숨을 내가 걷었더라면.
이미 돌이킬 수 없을 마음에 상처
서로 사랑하고 있다 해도 이젠 소용없어요.
우리 사이엔 낮은 담이 있어
서로 진심을 말할 수가 없어요.

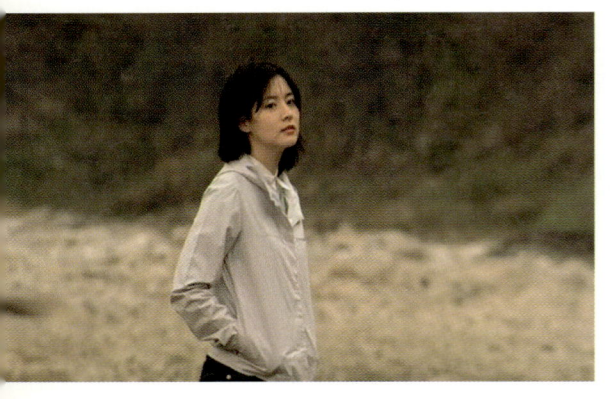

영화에서 두 사람이 여울물 소리를 녹음하러 갈 때 강가에서 고등학교 밴드부를 스친다. 밴드부는 마치 우연처럼 「사랑의 기쁨」을 연주한다. 상우가 마이크를 설치하려고 분주할 때, 은수는 혼자 여울가를 서성이며 그 멜로디를 흥얼거린다. 그 모습을 본 상우는 미소를 지으며 마이크를 은수 쪽으로 돌려 소년 같은 순수함으로 은수의 흥얼거림을 녹음한다.

그러나 그 멜로디를 흥얼거리는 은수의 내면에 대해서 상우는 아무런 짐작도 없다. 그 노래의 가사가 어떤 가사인가. "사랑의 기쁨은 어느덧 사라지고⋯⋯" 은수는 그런 상우의 어린 모습을 조금은 유보적인 눈빛으로 바라본다. 이미 여울물 소리를 잡으러 들어갈 때부터 은수의 표정에는 부부의 무덤에서 던져진 커다란 물음의 여운이 어딘지 어두운 기색으로 드리워져 있다. 이영애와 유지태는 자신들의 역할을 손에 쥐고 주소가 분명한 연기를 하고 있다. 그런데 그 연기는 관객에게 제 주소로 배달되고 있는가?

15) 은수의 머리를 후비는 상우

상우 할머니를 찾아온 둘째 할머니. 할아버지를 뺏어서 미안하다며 1년에 한 번씩 보약을 들고 찾아온다. 방으로 도망가는 할머니. 현실을 견디기 힘들다. 이렇게 힘든 할머니의 상처. 그리고 이제 상처받기 시작하는 상우. 은수가 작은 목소리로 말한다.

"미안해."

앞으로도 얼마나 되풀이해야할 이야기인가. 그러나 문제는 상우의 상처만이 아니다. 이미 은수가 받아버린 상처의 흔적은 어찌할 것인가.

어느새 계절은 여름이다. 집에 놓고 온 것을 은수에게 갖다 주려고 방송국 앞으로 찾아온 상우. 이제 너무 스스럼이 없어 "이그!" 하면서 은수의 머리를 막 후빈다. 은수의 동료들이 방송국에서 나오는 순간이다. 당황한 은수가 서둘러 상우의 차를 떠난다. 볼펜도 떨어뜨리고 어새부새하다. 누구냐는 동료들의 질문에 "아는 동생" 하고 얼버무린다.

은수가 당황해 하는 것은 너무 당연한 것 아닌가? 지금 상우는 사랑이라는 이름으로 은수의 삶의 공간으로 막 침입해 들어오고 있다. 그리고 그 사랑이라는 이름으로 상처받는다. 저녁에 집에서 상우가 묻는다.

"방송국에서 우리 둘 만나는 거 아는 사람 없어?"

이것은 대책 없는 질문이다.

"사람들이 알면 너 짤려. 짤리면 못 만나잖아." 그리고 "미안해." 상우가

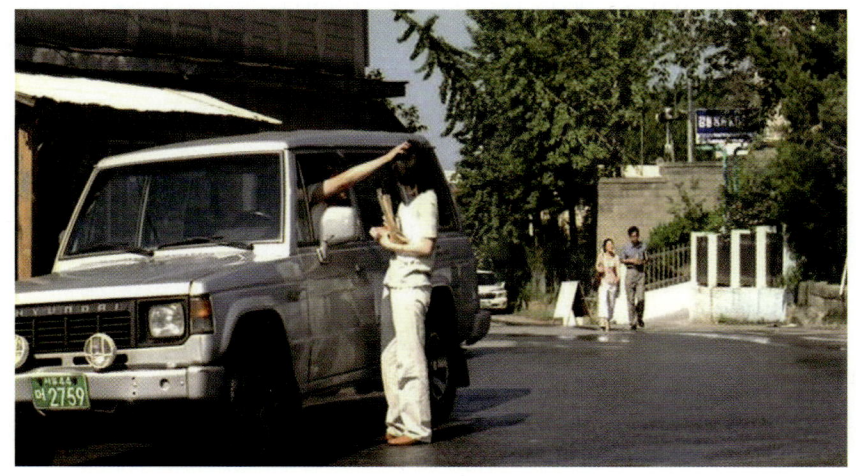

말한다.

"라면 먹을까?"

"응, 배고프다."

상우가 라면을 끓이려고 일어난다.

"무슨 라면?"

다리털을 다듬으며 은수가 대답한다.

"오늘은 떡라면. 김치도 넣어."

이영애는 야무진 모습으로 다리털을 다듬는 은수를 통해 위기에 부딪힌 은수의 여성적 측면을 깔끔하게 표현한다. 은수는 지금 상우와의 관계에서 흔들리고 있으며, 자신의 삶의 공간을 치열하게 지키려 한다. 상우도 위기를 느낀다. 하지만 할 수 있는 일은 고작 라면을 끓이는 일이다. 은수와의 관계에서 자신의 영역을 확보하려 하지만 상우 또한 사실은 자신이 없다. 성숙하지 못한 상우의 남성성을 유지태는 반바지를 입은 상우를 통해 효과적으로 드러낸다.

이 장면이 시나리오에선 사촌언니 결혼식에서 벌어진다. 은수는 기다리는 상우를 모른 척 한다. 은수에 대한 상우의 사랑이 그 윤곽을 드러내는 것 같지만, 상우가 자존심에 상처를 받은 것이 사랑 때문만은 아닐 것이다.

"나 만나는 거 챙피해?"

연상의 이혼녀 은수에게 상우가 백마 탄 왕자일 수는 없다. 물론 숫총각 상우에게 은수가 화려한 공주일 수도 없다. 단지 관계가 자기중심적으로 가면 끊임없이 서로에게 미안할 수밖에 없다. 사랑이 자기중심적 관계일 수는 없는데 우리들은 자주 사랑이라는 이름으로 자기중심적 관계를 정당화한다. 이제 두 사람의 관계는 어려움에 부딪힐 것이다. 그것을 풀 수 있는 것은 소통뿐이 없다. 그런데 그 소통도 여의치 않아 보인다. 라면이나 김치로 해결할 수는 없다. 연기자 이영애와 유지태는 두 사람의 관계에서 소통이 어긋나고 있는 양상을 적절하게 연기한다.

16) 은수의 세 얼굴

은수가 선글라스를 낀 얼굴이 있었다. 그것은 자신의 삶, 자신의 캐리어를 꿈꾸는 은수의 얼굴이다. 소화기 사용법을 이야기하던 은수의 얼굴도 있었다. 누군가의 따스한 체온이 그리운 은수의 얼굴이다. 부처님 앞에 절하던 은수의 얼굴이 있었다. 모든 것이 무상한 속에서 갈대처럼 두려워하는 얼굴이라고나 할까.

「봄날은 간다」의 시나리오는 상우나 은수의 사연을 배경으로 무상한 사랑의 경험을 통해 궁극적으로는 그 집착으로부터의 자유로움을 그려보려 한다. 이런 맥락에서 서로 사연은 다르지만 이영애나 유지태는 적어도 사랑의 무상성에 관한 한 비교적 주소가 분명한 연기를 하고 있다. 여기에 영화는 소통이라는 측면에서 상우와 은수의 어려움을 적절하게 부각시킨다. 어떤 의미에서 주제의 중심이다. 그런데 그 주제가 영화와 관객 사이에서 미묘하게 변질되면서 심각한 문제를 야기한다. 그것은 무엇보다도 감정이입에 근거한다.

사랑의 무상성이라는 「봄날은 간다」의 주제가 제대로 기능하려면 관객이 상우와 은수에게 적당하게 무게를 맞추면서 감정을 이입해야 한다. 그런데 영화의 어떤 시점에서부터 남성관객, 여성관객을 불문하고 관객의 감정이입이 일방적으로 상우에게 몰린다. 무언가 불투명한 힘이 은수에게 부정적

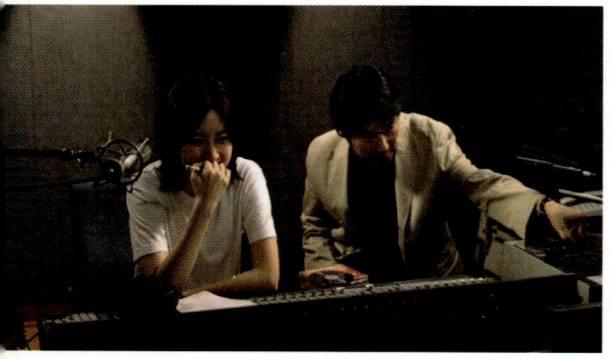

으로 작용한다. 그 힘이 관객의 심리에 근거한 것일 수도 있지만 어쩌면 감독의 작용일 수도 있다. 지금이 바로 그 시점이다.

은수 프로그램을 녹음하는 스튜디오에 선글라스를 낀 남자가 등장한다. 음악 CD를 다루는 모습이 문화적으로 수준 있는 사람이다. 프로그램의 게스트인데 아마 문화평론가? 교수? 게스트에 대한 프로그램 진행자로서 은수는 비상식적으로 거칠다. "쌍카풀 수술 했죠?" 게다가 CD를 거울삼아 잇새의 고춧가루를 확인한다. 이런 은수의 반응은 무엇을 암시하는가?

앞에서도 언급했지만 여기에서 선글라스는 문화적 지위의 상징이다. 그남자의 문화적 지위가 은수 내면의 캐리어에 대한 동경을 자극한다. 이제 은수는 또 다른 힘겨루기로 들어갈 것이다. 나중에 복도 긴 의자에서 은수가 그 남자에게 묻는다. "소화기 사용법 알아요?" 그러나 곧 그 질문을 취소한다. 지금 은수의 욕망은 소극적인 불끄기보다는 공격적이다. 어쩌면 30대의 은수에게 자기실현의 현실적인 욕망이 모든 것을 감내하는 모성적 사랑보다도 강할지 모른다. 시나리오에서는 은수와 그 남자의 성적 관계가 비교적 분명하게 암시되어 있다.

당연히 이 장면에서의 얼굴도 은수의 얼굴이다. 세속적 중생의 삶에서 누군들 그런 얼굴이 없겠는가. 뿐만 아니라 자신의 캐리어에 대한 은수의 욕망이 은수가 이혼한 이유 중의 하나일 수도 있다. 연하의 초라한 녹음실 음향기술자인 상우에게 자신의 인생을 전부 맡길 수 없는 은수를 이해할 수 있다. 은수는 자신의 인생을 선택할 수 있다. 그러나 관객은 다르다.

미루어 짐작컨대 이미 앞 장면에서부터 은수의 당혹감보다 상우의 상처에 더 민감하게 반응한 관객이다. 상우가 은수의 머리를 후빌 때 그것이 사랑이지 라고 생각한 관객도 있을 것이다. 당황한 은수가 상우에게 냉정하게 등을 돌릴 때 소외당한 자신의 아픔을 떠올린 관객도 대부분일 것이다. 이제 이 장면에서 낯선 남자의 등장은 관객을 긴장시킨다. 그리고 그 낯선 남자의 어딘지 느끼한 생김새라니…… 순수한 상우와 너무 대조적이지 않은가. 이제 영화는 여성 관객까지 동원해서 미묘하게 '은수 죽이기'를 시작한다. 관객의 모성 깨우기? 그런 의미에서 이영애는 적역이었나?

시나리오에서 스튜디오 장면은 평범하다. 어디에도 선글라스를 낀 남자와 도전적인 힘겨루기는 없다. 은수의 무상함에 대한 경험이 상우와의 관계에서 영화보다 시나리오에서 강하게 부각된다. 영화의 부부 무덤이나 여울물 장면이 여기에 해당될 것이다.

이런 맥락에서 시나리오에서 상우 어머니 산소장면이 특별하다. 나이 스물일곱에 아마 상우를 낳다가 돌아가신 것 같은데, 아버지는 아직도 이렇게 말한다.

"추운데 이 안에 어떻게 들어가냐? 난 아직도 니 엄마가 많이 생각난다. 이상하지…… 노래 부를 땐 생각이 안 난단 말야."

27년이 지난 지금도 엄마를 많이 생각하는 아버지. 바람피운 할아버지. 그 상처를 아직도 안고 있는 할머니. 일편단심이라는 느낌보다는 무상함에 맞서려는 어떤 집착 같은 느낌.

담배 한 대를 피워 무는 아버지.

"요즘 사귀는 사람 있는 것 같던데 집에 한번 데려와 봐. 할머니 돌아가시기 전에 결혼해야지."

시나리오에서 대수롭지 않아 보이는 이 대사는 정말 문제적인 대사로 영화에선 영화 런닝타임의 한 복판에 위치한다. 그 이중적인 의미가 손에 잡히는가?

17)아버지, 상우에게 소주잔을 건네다

고모가 동네 아주머니들과 고스톱을 치느라 할머니가 나가시는 걸 못 보았고, 그로 인해 소동이 벌어진다. 늦게 파출소에서 할머니를 모시고 온다. 아버지가 혼자 소주잔을 기울이실 때 상우가 아버지 곁에 앉는다. 아버지가 소주잔을 건넨다. 상우가 고개를 돌려 마신 후 아버지께 잔을 드린다. 흐뭇하게 그 잔을 쭉 들이 킨 아버지 다시 박력 있게 아들에게 술잔을 권한다. 비오는 밤. 열려진 창문 밖에서 잡은 속옷 바람의 아버지와 아들의 소주 장면은 정겹다.

고스톱 치는 여인들. 아버지와 아들 사이에서 오고 가는 소주잔. 시나리오에는 없는 장면이다. 그저 정겹기만 한 장면인가? 앞 장면 시나리오에서 아버지가 상우에게 결혼을 권했다. 그전엔 고모가 권했었다. 지금 아버지에게서 아들로 소주잔이 건네졌다. 이건 무슨 가부장제의 지상명령인가? 이 집에 살림을 살아줄 여인이 필요한가? 치매 시할머니, 시집 안 간(?) 고모, 상처한 시아버지, 아직 정신적으로 어리고 경제적으로 안정되지 않은 남편. 누가 이 집에 살림을 살아주러 들어올 것인가? 누구에게 사랑의 이름으로 결혼이라는 제도를 요구할 수 있는가? 여성의 경우 결국 눈에 보이는 마무리는 이 장면의 시작처럼 짬날 때 치는 고스톱인가?

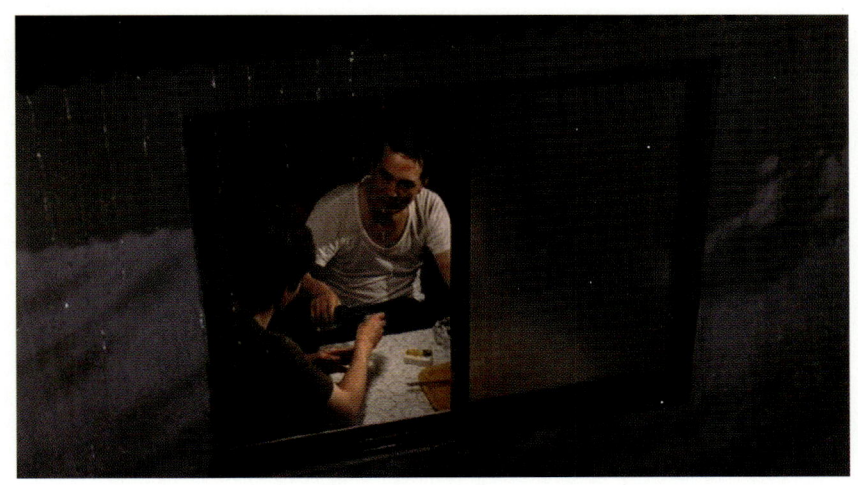

　연기자 박인환이 아버지로 나온 「투캅스 3」가 있다. 이 장면은 거의 「투캅스 3」의 패러디에 가깝다. 「투캅스 3」에서 김보성과 장인될 박인환 사이에 지독한 마초적 분위기로 소주잔이 오고간다.

　"상대방의 약점을 생각해. 남자는 남자, 여자는 여자라는 걸 보여줘."

　"아버님."

　"왜?"

　"존경합니다."

　"원샷."

　뭐, 대충 이런 분위기이다. 왠지 그 박인환이 이 박인환이라는 것이 단순한 우연 같지만은 않다. 실제로 다음 장면에서 상우가 은수의 약점을 노리고 들어가서 은수의 심사를 무지 어지럽힌다.

　시나리오에서는 할머니가 요양원에 들어가시고, 가슴이 아픈 아버지가 혼자 소주잔을 기울이는 것으로 나온다.

18) 상우씨, 나 김치 못 담궈

상우 은수 집에서 라면을 먹는다. 집에서 김치를 좀 싸가지고 왔다. 그 김치가 맛있다. 상우 아버지 솜씨란다. 상우가 묻는다.

"김치 담글 줄 알아?"

"그럼, 못 담글 것 같아?"

갑자기 상우가 어린 시절 이야기를 한다. 엄마 돌아가시고 아버지한테 죽어라고 맞은 적이 있었는데, 그때 엄마 엄마하고 울더라는 이야기. 그 후론 아버지가 한 번도 때린 적이 없으셨다는 이야기.

은수가 연민의 표정으로 웃을 때 상우 숨 쉴 사이 없이 바로 치고 들어간다.

"사귀는 사람 있으면 데리고 오래…… 아버지가."

은수의 충격. 김치 담글 줄 아느냐는 질문이 그런 뜻이었나. 은수는 이제야 상우의 의도를 알아차린다. 어린 시절의 이야기도 그래서 했다. 은수의 연민을 자극해 무장해제시킨 후 바로 본론으로 들어간 것이다. 그러나 사실 상우가 실제로 연민을 자극해 무장해제시킨 것은 관객이었다. 한번 결혼했던 은수의 사정은 다르다. 거기다 상우의 집사정이 어떤가. 어떤 여자에게도 쉬운 결심이 아니다.

그러나 관객은 상우가 안쓰럽다. 은수가 받아들여주길 바란다. 사랑한다면 그깟 것쯤이야. 그래서 이영애가 은수가 얼마나 당황하고 있는지, 당황할 수밖에 없는지 심혈을 기울여 하는 연기를 보지 못한다. 은수가 말한다.

"상우씨, 나……"

버벅거린다.

"김치 못 담궈."

상우의 대답은?

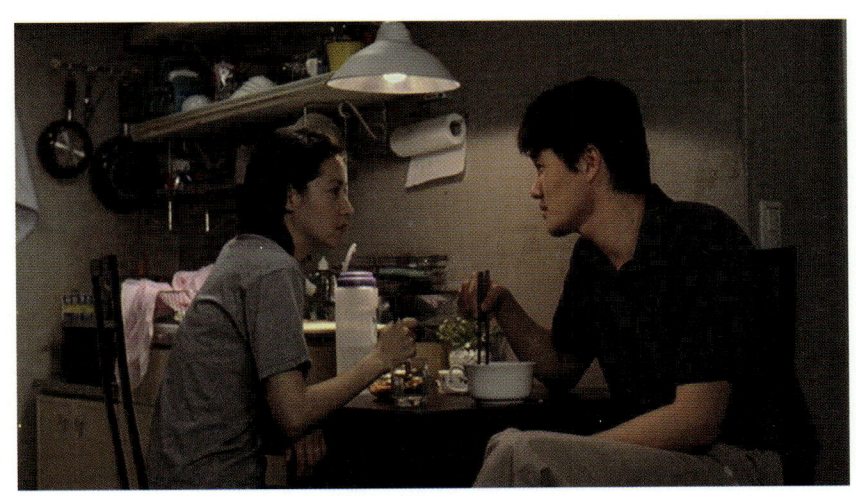

"내가 담가 줄게."

그것도 두 번에 걸쳐서. 마치 김치가 문제인 것처럼. 그리고 은수가 상우를 바라보는 절실한 눈빛에서 눈을 돌리고 철저하게 소통을 거부한다. 엄청난 이야기를 대수롭지 않게 던진 후 소통을 거부하는 유지태의 연기는 효과적이다. 문제는 그 연기가 관객에게도 너무 효과적이었다는 것이다. 상우는 은수 대신 관객을 자기편으로 만들어버렸다.

유지태의 연기가 효과적이었던 데에는 상우 어린 시절 이야기 말고 아버지가 담근 김치도 작용한다. 김치를 못 담근다는 식으로 발뺌하려는 은수와 대조적이기 때문이다. 거기다가 상우까지 자신이 담가 준다고 하지 않는가. 세상에 이렇게 좋은 집안과 좋은 남편감이 어디 있겠는가. 이영애의 효과적인 연기가 오히려 관객으로 하여금 은수로부터 등을 돌리게 만든 셈이다.

하지만 이 부분은 시나리오에는 없다. 어떤 불투명한 의도로 관객의 감정 이입을 조작하고 있는 느낌이 강하다. 상우가 아버지가 담근 김치라며 은수

집으로 김치 한 통을 싸들고 가는 설정도 자연스럽지 않고, 벌써 함께 라면 먹은 시간이 꽤 흘렀는데 상우가 은수더러 김치 담글 줄 아느냐고 묻는 것도 어색하다. 누군가가 연기 미학적 관점에서 연기자의 의도와는 상관없이 상우를 감싸 안고 은수를 못 마땅해 하라고 관객의 감정이입을 조작하고 있다.

시나리오에서 상우가 은수 집 앞에서 전화한다. 은수는 상우가 서울에 있는 줄 알고 못 내려오게 한다. 상우가 집 앞이라 하니까 은수가 말한다.

"그냥 잠만 자는 거다. 그럼……"

이미 은수는 상우와의 관계에서 상우 말고도 다른 일들을 신경 쓰기 시작한다. 살아야할 자신의 삶이 있는 것이다. 혼담 이야기는 다음 날 나온다. 시나리오에서는 '김치' 따위가 아니라 직접적인 어법이다.

"난 결혼 다시 안할 거야. 미안해. 더 좋은 여자 만나서 결혼해야지."

은수 입장을 이해할 수 있지 않는가. 자신의 캐리어뿐만 아니라 사랑의 무상성에 대한 은수의 두려움이 있다. 은수가 바라는 자유로움은 무상성을 확실히 껴안을 때 가능할 것이다. 그러니 소통이 필요하다. 그러나 상우는? 결혼이라는 제도와 관련된 현실적인 문제들을 풀어가기에 너무 경험이 없다. 뿐만 아니라 이제 사랑이 상우에게 소유의 권리로 느껴지기 시작한다면 은수의 문제 해결에 도움이 되기 힘들다.

19) 은수, 거울을 꺼내다

바닷가에서 파도소리를 녹음하는 두 사람. 상우가 마이크를 들고 가수처럼 장난치며 노래한다. 아버지가 부르던 「미워도 다시 한번」. 역시 어리다. 상우를 바라보는 은수의 표정이 어둡다. 시나리오에서 이 부분은 선글라스의 남자와 녹음한 다음에 나온다. 김치 사건과도 관련이 있는 것으로 선글라스의 남자가 은수 내면의 무엇인가를 자극한 것은 분명하다. 일차적으로는 캐리어에 대한 욕망으로 보인다. 물론 성적 욕망일 수도 있으며, 이성으로서의 매력일 수도 있다. 시대가 많이 변했다고는 해도 여전히 남성과의 관계에서 여성에게 부여된 정조 관념 같은 것이 있는데, 지금 은수는 관객에게 헤픈 여자로 부각될 위험이 있다. 그렇지 않아도 김치 사건으로 은수에 대한 관객의 반응이 찜찜한데 말이다.

아니나 다를까. 은수가 방송국의 긴 소파에 앉아 있을 때 선글라스의 남자가 등장한다. 은수 옆에 앉는다. 은수의 안색이 어두운 것을 눈치 챘다. 은수가 소화기 사용법에 대해 물으려다 그만 둔다. 그 대신 선글라스의 남자가 맥주 한 잔을 제안한다.

은수 집에서 상우는 은수를 기다린다. 기다리다가 우연히 펼친 책갈피에서 은수의 결혼식 사진이 떨어진다. 신부 대기실에서의 장면인 것 같은데 신랑의 모습은 없다. 이 사진은 상우의 마음이다. 은수와의 관계가 불안한 지금 상우 내면의 복잡한 심사를 징후적으로 드러낸다. 은수의 전 남편은 어떤 사람이었을까? 그 두 사람은 서로 어떻게 사랑했을까? 상우는 일어나서 어둠이 깔리기 시작하는 창밖을 본다.

술에 취한 은수가 늦게 집에 온다. 현관에서 「사랑의 기쁨」을 흥얼거리는 소리가 들린다. 이미 상우는 다른 옷으로 갈아입고 있다. 은수를 찾으러 나갔던 것일까?

"술 마셨어?"

"아니."

은수가 가방에서 손거울을 꺼내 자기 얼굴을 본다. 상우 얼굴도 비춘다.

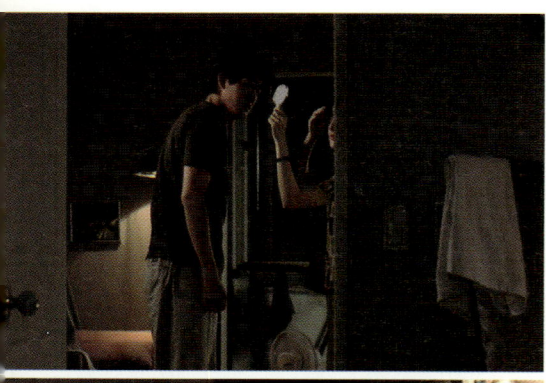

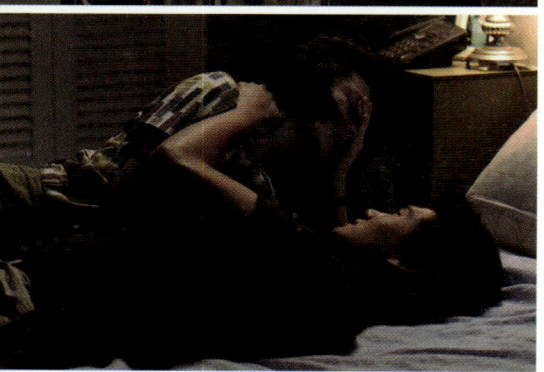

술에 많이 취했고, 지금 힘들다. 상우가 묻는다.

"괜찮아?"

은수 상우를 얼싸 껴안고 침대로 넘어진다. 은수의 웃음이 울음으로 바뀐다. 상우가 묻는다.

"왜?"

은수가 상우를 고통과 애정의 시선으로 내려다본다.

"힘들구나?"

상우가 은수의 얼굴을 쓰다듬는다.

"울지 마."

한 번 더.

"울지 마."

소통이 이렇게 힘든가.

다음날 상우는 북어국을 끓여 놓고 은수를 깨운다. 은수가 짜증을 낸다.

"놔둬 좀. 이러지 마."

은수의 느닷없는 짜증에 어처구니없는 표정을 짓는 상우. 은수, 상우 어깨를 미안하다는 듯이 토닥거린다. 상우 피식 웃는다. 무언가 꽉 막힌 표정으로 혼자 밥을 먹다가 젓가락을 내려놓는 상우.

술 취한 은수가 손거울을 꺼내 자기 얼굴을 보는 장면이 일품이다. 상우 얼굴도 비춘다. 지금 은수는 밖에서 쓰고 있었던 가면을 벗는가? 아니면 상우를 만나 다시 필요한 가면을 쓰는가? 은수나 상우나 아니면 우리 모두 그

때그때 이런 저런 가면을 쓰며 살고 있지 않는가? 은수는 그것을 너무 잘 알고 있지만 상우는 그것을 인정하고 싶지 않다.

상우와의 관계에서 체온이 있는 따스한 존재의 속살이 필요했던 은수였다. 하지만 원래 그 속살이란 것은 상처받기 쉽다. 더구나 상대방의 상처받은 속살은 부담이기까지 하다. 적당한 선에서 가면을 쓰고 역할 놀이를 하면 되겠지만, 뜻대로 되지 않아 무언가를 토해내면 그대로 눈물이나 짜증이 되어 버린다. 상우는 지금 상황조차 제대로 파악하고 있지 못하다. 그저 피식 웃거나 상대방의 간절한 무엇으로부터 눈을 돌린 표정을 짓는다. 자신의 간절한 무엇이 실제로 무엇인지도 잘 모른다.

시나리오에서 이 장면은 더 담담하다. 술 마시고 들어온 은수는 그대로 침대로 가서 잔다. 은수가 상우에게 한 번 더 말한다.

"미안해."

시나리오에서 은수가 상우에게 부담을 느끼기 시작한 것은 분명하다. 결혼이라든가 나이차라든가, 그밖에 현실적인 문제들뿐만 아니라 관계의 무상함에 대한 은수의 불안은 이해할만하다. 상우의 어리둥절함도 이해할 수 있다. 갑자기 결혼 문제를 거론하게 된 사정이라든가, 어디선가 스물 스물 스며들어오기 시작한 소유욕 같은 거 말이다. 그런데 소통은 정말 갑갑하다. 두 사람 사이에 대화가 없다.

소통의 문제는 영화에서도 심각하지만 관객은 그것을 소통의 문제로 보지 않는다. 연기자들은 주소가 분명한 연기를 부지런히 보내는데 관객은 그것을 책임 문제로 본다. 은수가 책임감 없이 헤픈 것이다.

사실 은수로서도 소통에 문제가 없지 않다. 자신의 문제를 말로 표현하기가 쉽지 않을 것이다. 그래도 이런 저런 식으로 무언가 자신의 입장을 던진다. 그러나 상우는 정말 먹통이다. 은수의 문제에서 완벽하게 고개를 돌린다. 이 땅의 남자의 한 전형으로서 상우도 이해할 수 있다. 할아버지와 아버지에게서 배운 것이 없다.

하지만 그 상우가 관객에게는 너무 순수해 보인다. 정말 순수해서가 아니라 계속 상처받고 있기 때문이다. 이영애나 유지태 두 연기자가 다 자신의 상처를 적절하게 연기하고 있지만, 은수의 상처가 관객에게 보이지 않는 것은 앞에서도 말했듯이 무언가 연기 외적인 것이 작용하고 있기 때문이다. 시나리오에는 없는 은수의 짜증 같은 것이 그런 것이다. 상우는 북어국을 끓였는데 은수는 짜증을 내? 관객이 누구의 손을 들어줄지는 분명하다. 북어국은 끓일 필요가 없었고, 짜증은 이해할 법한 상황이었어도 말이다. 상우는 북어국을 은수를 위해 끓인 것이 아니었다. 그것은 오로지 자기 자신을 위해 끓인 것이다. 타인에 대한 진정한 배려라기보다 일종의 자기만족에 가깝다고나 할까? 정말 해야 할 일이 무엇인지 모를 때나 그 해야 할 일로부터 눈을 돌리고 있을 때 우리는 이런 식으로 자신의 상처를 자기합리화 하곤 한다. 상우는 언제야 그것을 깨달을 것인가? 관객은? 어쩌면 감독은 지금 기묘한 눈속임의 기법을 쓰고 있는가?

20) '아라리요'를 녹음하는 두 사람

두 사람의 녹음 일정이 끝나간다. 함께 오래 산 부부의 아라리요. 그리고 삶의 무상함에 대한 가사. "백발이 오지나 말라고……" "서산에 지는 해는 지고 싶어서 지나……" 녹음이 시작될 때 미소를 머금고 있던 은수의 표정이 점점 어두워지고, 아직 불만의 표정이 가시지 않던 상우의 표정은 점점 밝아

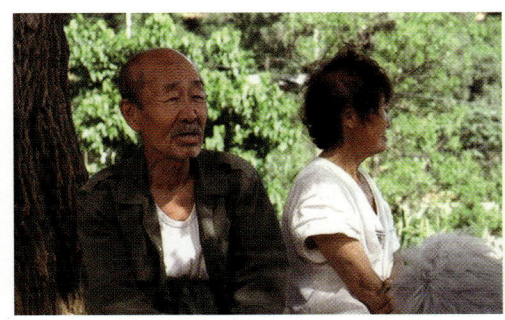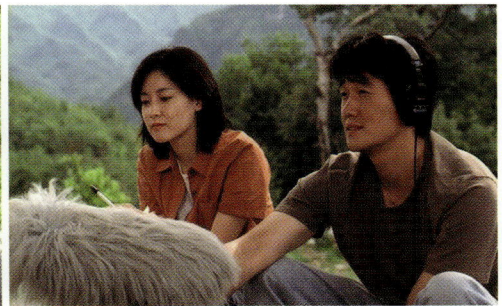

진다. 두 사람은 오래된 부부의 노래에서 저마다 무엇을 느끼고 있는가?

"아리랑, 아리랑, 아라리요……" 오래된 부부는 후렴을 함께 부를 때에도 서로 다른 곳을 바라보며 노래한다. 이들에게 그늘을 주는 느티나무는 엄청 오래되었다.

시나리오에서 이 장면은 없고, 30년 만에 만나는 초로의 연인들에 대한 에피소드가 있다. 그들은 가만히 서서 이야기를 주고받는다. '아라리요'를 노래하는 오래된 부부는 서로 이야기가 없다.

21) 은수씨, 내가 라면으로 보여?

녹음을 끝내고 오는 차 안. 두 사람의 표정이 시큰둥하다. 소통의 완벽한 단절. 은수가 상우에게 말은 건넨다.

"상우씨, 이제 뭐 할 거야? 이 일도 끝나 가는데."

"무슨 말이야?"

"그냥 끝나 간다구."

"뭐가 끝나는데?"

"끝나 간다구. 내 말 못 들었어?"

"뭐가 끝나 가는데."

"어휴, 답답해. 일이 끝나 간다구. 앞으로 뭐 할 거냐구. 응?"

이 대사 사이에 두 사람의 눈이 마주치기도 하고, 어이없는 미소를 짓기도 하고, 마른 침을 삼키기도 하지만 이 장면의 핵심은 상우의 표정이다. 소통을 거부하는 남자들의 그 지긋지긋한 벽과 같은 표정. 은수가 무언가를 계속 두드리는데 상우는 얼굴에 완벽한 자기방어의 가면을 쓰고 있다. 유지태의 설득력 있는 연기에서 필자는 자신의 얼굴을 본다. 연인과 함께 온 여성 관객은 자기 연인의 얼굴을 볼 것이다. 유지태의 설득력 있는 연기는 계속된다. 그런데 다시금 무언가 모호한 힘이 작용한다.

은수의 집 앞에 도착한 두 사람. 그 동안의 일로 은수에게 서운한 감정이 있는 상우가 말한다.

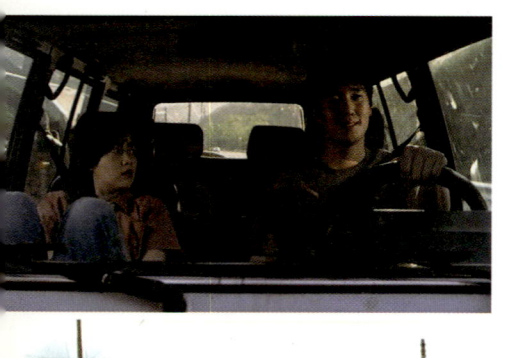

"나 어디 좀 갖다 올께."

"빨리 와서 라면이나 끓여. 응?"

"나 일…… 일 있어."

"무슨 일? 내가 모르는 일도 있어? 또 어디 가서 술이나 마시려고 그러지 뭐."

"은수씨, 내가 라면으로 보여? 말조심 해."

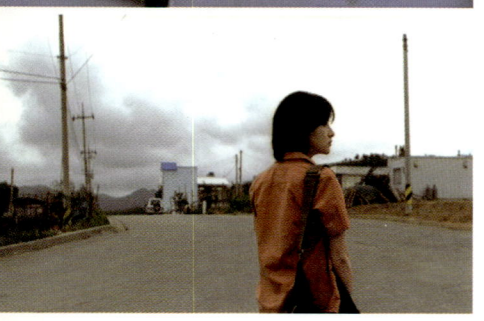

상우의 심사가 뒤 틀렸다. 은수를 남겨두고 차를 몰고 가 버린다. 홀로 남은 은수, 암울한 표정으로 집 쪽을 바라본다. 멀리 사라지는 상우의 자동차. 고개 돌린 은수의 옆모습. 사랑의 무상성과 관계의 비소통성이라는 측면에서

「봄날은 간다」의 베스트 포스터 감이다.

사실 이 장면은 우리의 일상에서도 너무 익숙한 장면이 아닌가. 문제의 핵심은 저기에 있는데 이리로 감정의 꼬투리를 끌고 와 정작 절실한 문제는 사라지게 만드는 기적 같은 힘. 지금 은수가 상우를 무시하고 있는 것은 사실이지만 그런 정도의 힘겨루기는 시작부터 분명했다. 문제는 지금 은수에게 상우가 라면으로 보이는 데 있다기보다는 그런 현실을 분노로 회피하는 상우에게 있다. 그러나 관객은 상우의 분노가 속 시원하다. 남겨진 은수의 암울한 표정보다 사라지는 차 안의 상우가 더 안쓰럽고 궁금하다. 혼자 영화관에 갖다온 상우 막국수를 사들고 온다. 그런데 상우가 라면에서 변화를 꾀하고 싶었다 해도 그 변화가 왜 하필 막국수인가?

시나리오에는 쓸 데 없는 감정의 꼬투리 같은 것이 없다. 은수가 상우에게 이 일이 끝나간다고 하고, 무슨 말이냐고 묻는 상우에게 그냥 끝나간다고 하고 끝. 상우 버스터미널 앞 낯선 길가에서 어디 갈 데 있다면서 은수를 내려주고 끝. 상우 혼자 영화보고, 은수 빨래 개면서 마음을 정리하고, 상우 밤에 집에 오자 자신의 옷이며 물건들이 신발장 위에 정리되어 있는 것을 보게 되고, 상우 떠난다. 싱크대 수돗물을 잠그지 않은 은수의 마음. 신발장 위에 자동차 열쇠를 놓고 나간 상우의 마음.

소통의 부재와 관련된 시나리오의 여운이 "내가 라면으로 보여?" 한방에 넉 아웃. 이제 더 이상 소통의 부재가 문제가 아니다. 관객의 반응은 거의 기계적이다. "그냥 이영애가 미워. 평소에도 얌체 같더라니까." 은수는 관객이 선택한 공공의 적 1호가 되었다. 그러나 실인 즉 '그냥'이 '그냥'이 아니다. 「8월의 크리스마스」를 만든 후 허진호 감독은 무슨 일을 겪은 것일까?

영화에서 비오는 날 상우는 자기 방 창문을 열어 재치고 목청이 터지도록

「미워도 다시 한번」을 불러 재낀다. 은수는 상우에게 처음 전화 걸던 날 자세로 비오는 창가의 책상에 앉아 있다. 유지태, 이영애 두 연기자가 다 상우와 은수 사이의 소통의 어려움을 몸 전체로 부르짖고 있는데, 관객과의 소통 또한 이렇게나 어려운가.

22) 은수, 상우를 찾아오다

녹음실에서 일하고 있는 상우에게 은수로부터 전화가 온다. 녹음실 창문으로 보이는 은수. 조심스러운 표정으로 손을 흔든다. 상우 은수를 덤덤하게 대한다.

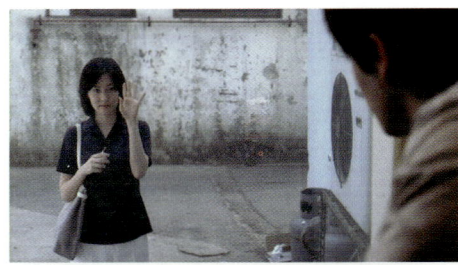

"나 일하다 왔거든."

"화났어?"

상우 아니라고 고개 흔든다. 상우가 너무 덤덤해 은수 상우에게서 거리감 같은 것을 느낀다. 손을 뻗어 상우 콧가에 묻은 거품 같은 것을 닦아준다.

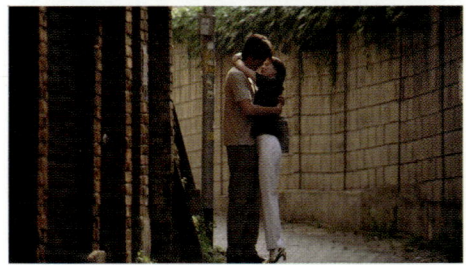

"내가 오니까…… 좋아? 나 보고 싶었어?"

상우 좀 뜸을 들이더니 그렇단다. 상우 덤덤한 척하는 어린아이 같다.

"나 들어가 볼게."

은수 충동적으로 상우를 끌고 골목

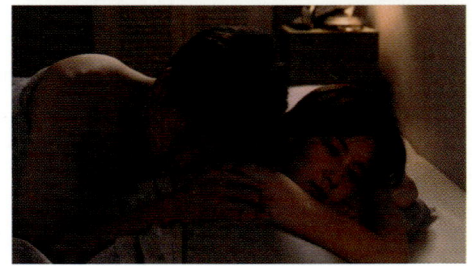

으로 들어가 키스를 한다. 상우 은수를 강릉까지 데려다 준다. 옆 좌석에서 잠든 은수의 뺨을 소중하게 어루만진다. 그날 밤 관계를 한 후 은수가 말한다.

"우리 한 달만 떨어져 있어 보자."

"헤어지잔 말이야?"

"그럴 수도 있지."

"모르겠어."

은수가 상우를 얼마나 사랑하는지 사실 잘 모르겠다. 지금 은수에겐 새로운 남자가 나타났고, 그 남자와의 관계가 어쩌면 은수의 캐리어에 긍정적으로 작용할지도 모른다. 그래도 은수가 상우를 찾은 건 상우의 풋풋함이 좋기 때문이다. 그 풋풋함이 사랑의 무상함 속에서 잠시라도 은수에게 필요한 안도감을 줄지도 모른다. 그러나 그 외엔 문제가 너무 많다. 어쩌면 그 남자는 풋풋함 외에 모든 것을 다 갖추고 있는지도 모른다.

상우에겐 은수가 첫사랑인 것 같은데 첫사랑으로 좀 벅찬 것도 사실이다. 이제 두 사람의 힘겨루기는 완전히 은수의 페이스로 넘어갔다. 상우 덤덤한 척 해 봐도 은수의 키스 한 방이면 끝난다. 영화 「봄날은 간다」는 이제 힘겨루기에서 상우의 제 페이스 찾기로 국면 전환이다. 일종의 복수극이라고나 할까.

시나리오에서 은수는 친구 관계를 제안한다. 물론 상우로서는 그 제안을 받아들이기가 힘들다. 집에서 아버지나 고모가 결혼을 채근한다. 요양원에서 할머니도 다시 집으로 모시고 나왔다. 은수로서는 사랑의 무상함은 차치하고 결혼을 전제로 한 상우와의 관계는 너무 큰 부담이다. 상우는 사랑의 집착으로부터 자유로워질 테이지만, 그렇게 성숙하기 위해 꼭 은수와 헤어질 필요는 없다. 소통만이 두 사람의 구원이다.

23) 열심히 해, 임마

상우 집에 온다. 집 문이 잠겨 있고 아무도 열어주지 않는다. 상우 집 문을 넘어 들어온다. 무언가 억지스러운 상황. 결혼에 대한 압력으로부터 상우가 느끼는 답답함.

식구들과 저녁을 먹는 자리. 상우의 결혼이 화제에 올랐다. 어서 결혼하라고 고모까지 성화가 대단하다. 상우는 마음이 불편하다. 밥을 먹다 숟갈을 놓는다. 밤이 깊어 혼자 부엌에서 컵라면으로 대충 끼니를 때운다. 아버지가 소주병을 식탁에 올려놓으며 놀랄 정도로 엄한 목소리로 상우에게 말한다.

"열심히 해, 임마."

전에 부자 사이에 소주잔이 오가는 장면과 연결된 장면이다. 변화하는 시대에 가부장제의 막무가내 앞에서 상우는 대책이 없다. 이렇게 되면 상우는 직장도 그만 두고 은수 설득하기에 올인해야 한다. 하지만 그럴수록 은수의

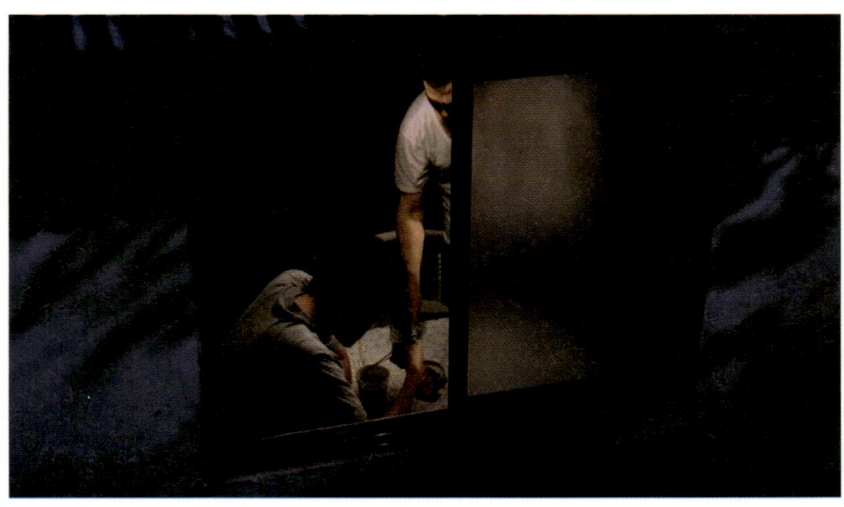

부담만 가중될 뿐이다. 상우 아버지는 왜 이러시는 것일까? 치매 어머니 돌보기? 손자 재롱 보기?

필자에게 상우가 처해 있는 이런 상황은 제도로서 결혼에 대한 일종의 은유로서 보인다. 상우가 은수와 관계를 맺는 여러 가능성 중에 결혼은 지금으로서는 가장 힘든 선택이다. 상우와 상우네 집안이 은수에게 매력적인 경우도 아니지만 이혼한 경력이 있는 은수 또한 이상적인 며느리 감이 아닌 것이다. 물론 상우에게 결혼은 은수를 합법적으로 소유할 수 있는 소유 개념일지도 모른다. 그러나 상우는 어떤 식으로도 은수를 소유할 수 없다. 언제나 상우는 그것을 깨달을 수 있을까?

시나리오에서 상우 아버지가 멋있다. 아들이 힘들어하는 기색을 눈치 채고 아버지랑 술 한 잔 하자고 권한다. 아들이 거부하자 춤추자며 아들의 손을 잡고 한 바탕 판을 벌린다. 고모도 나오고 할머니도 즐거워하신다. 불 켜진 마루 창 안에서 난데없이 춤판이 벌어진 상우집. "열심히 해, 임마"는 아무래도 억지스럽다.

24) 은수, 선글라스의 남자와 길을 떠나다

상우가 은수에게 전화한다. 은수가 바쁘다며 냉정하게 끊는다. 실인 즉 그때 은수는 선글라스의 남자와 차를 타고 교외로 나가는 중이다.

"너무 멀리 가는 거 아니에요?"

"왜, 겁나요?"

"달려요. 더요."

은수의 또 하나의 얼굴이다. 사실 이 장면은 필자에게 은수와 선글라스의

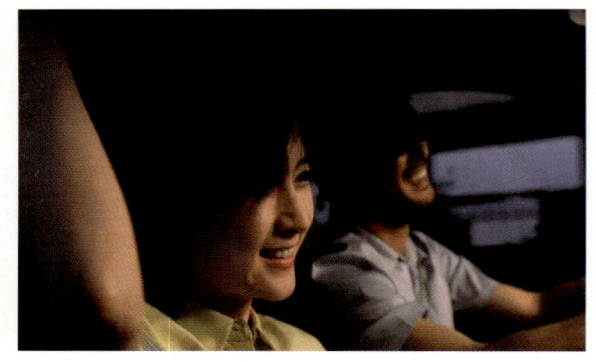

남자 사이에서 벌어지는 성적 관계에 대한 암시이다.

　시나리오에서 이 장면은 없으며 두 사람의 성적 관계에 대한 암시는 조금 후에 은수가 상우에게 이별을 선언할 때 상우의 질문에 대한 은수의 무답변으로 드러난다.

"다른 남자 생겼어?"

"……"

"그 사람이랑 잤니?"

"……"

아직 상우는 선글라스의 남자를 볼 수 없었고, 은수의 전남편도 보지 못했다. 그런 맥락에서 이 장면은 은수의 냉정한 전화를 받고 난 후 상우의 내면에 떠오른 상상의 이미지일 수도 있다. 확실히 관객의 상상일 수도 있고, 어쩌면 감독의 것일 수도 있다. 선글라스의 남자의 굵은 팔뚝이나 동물적인 미소가 다 그렇다. 만일 그런 측면이 있다면 이 장면에서 은수의 이미지도 흥미롭다. 더 달리라고 말하며 웃을 때 은수의 얼굴에 어딘지 늙고 추한 느낌의 주름살이 그림자처럼 드리워진다. 연기자 이영애의 얼굴이 카메라에 가깝게 잡히면서 드러난 주름살일 수도 있지만 만일 이영애의 연기라면 이 장면은 우리의 관념을 포착한 놀라운 지점 중의 하나이다.

　영화에서 은수와 헤어진 후 괴로운 상우가 택시운전을 하는 친구 정국과 대화하는 장면이 있다. 정국은 상우가 하도 괴로워하자 은수가 나중에 나이 들어 늙고 주름진 얼굴을 생각해보라고 말한다. 상우는 그 생각이 도움은 되지만 그래도 은수가 불쌍하다고 대답한다. 욕망만 남은 늙고 주름진 얼굴. 이 대사에서는 왠지 상우가 아닌 다른 누군가의 존재가 느껴진다. 어쩌면 그것은 허진호와 유지태를 포함해 우리 모두의 관념일까? 성적인 남자에 대해 성적인 충동을 느끼는 여자들에 대한 우리 모두의 관념. 남성만도 아니고 여성까지도 포함한 우리 모두의 관념. 영화 「봄날은 간다」의 감춰진 주제.

영화에서 상우와 정국의 대화 장면은 시나리오에서 바로 지금 장면에 위치한다. 상우의 대화 상대가 정국은 아니고 포장마차에서 만난 모르는 사람이다. 시나리오에서는 그 남자가 상우에게 말한다.

"그 기집애 남자 생긴 거 맞아."

상우가 아주 거친 욕설을 하고 그 남자와 주먹다짐을 한다. 평소의 상우라고 하기에는 욕설이 너무 거칠다.

"씹새끼."

이것은 자연스럽지가 않다. 영화에 작품 외적인 무언가가 자꾸 개입한다. 영화에서는 상우가 선배에게 녹음실을 그만두겠다고 말할 때 선배가 불만을 표시하자 갑자기 선배에게 대책 없이 욕을 한다.

"씨발."

시나리오보다는 강도가 덜하지만 그래도 아주 부자연스럽다. 선글라스의 남자가 등장하면서 우리 모두 이상해진다. 연기자 유지태는 그 지점에서 아주 짧은 욕이라도 욕을 해서는 안 된다. 설령 감독이 요구했더라도 욕을 해서는 안 된다. 작품 전체의 흐름에서 그것은 자연스럽지가 않다. 필요하면 연기 예술의 이름을 걸고 싸워야 한다.

25)상우, 울다

상우 은수와 전화를 끊고 나서 녹음실 선배에게 욕을 하고는 그대로 강릉으로 간다. 방송국 앞에서 은수와 선글라스의 남자가 함께 방송국에서 나와 그 남자의 차를 타는 것을 본다. 상우는 아이스바를 먹고 있었다. 상우의 차는 지금 어디 있는가? 그날 밤 상우 취했다. 은수 문을 열어준다. 처음 은수 집에 상우가 들어올 때처럼 은수 가슴을 움츠리지 않는다. 혼자 사는 이혼한 여자다. 죄지은 것 없다. 당당하게 가슴을 세운다. 이영애 연기의 멋진 지점이다.

상우는 바닥을 친다. 그럴 수밖에 없다. 드디어 상우는 선글라스의 남자와 그의 팔뚝과 그의 하얀 차를 보았다. 상우 바보 '맹구' 흉내를 낸다. 그리고 은수 침대로 가 엎어져 운다. 상우가 지금 바닥을 치는 것은 물론 많은 사람들의 해석처럼 성장의 고통이다. 그러나 아뿔싸! 여기에 무엇인가 작품 외적인 것이 작용한다. 「봄날은 간다」를 상우의 성장 영화로 보는 것은 좋은데 어느 시점에서부터 작품의 성격이 바뀐다. 그 시점이 "상우씨, 나……

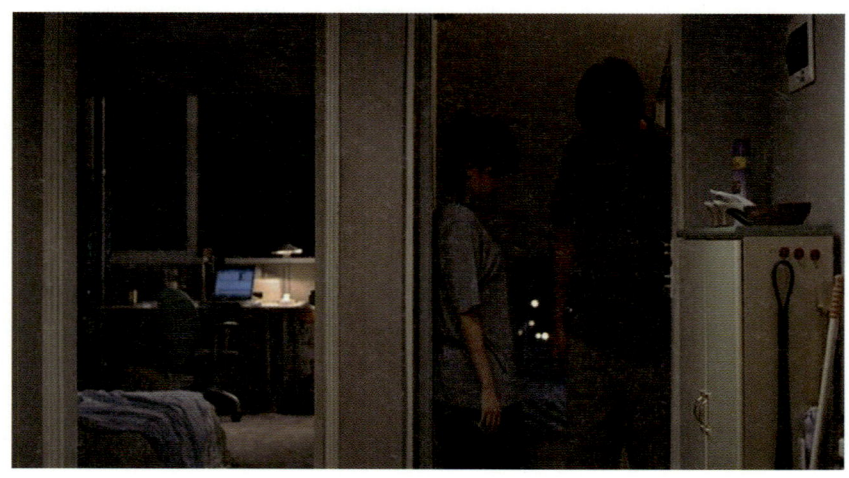

김치 못 담궈"에서 "내가 라면으로 보여?"를 거쳐 지금에 이르렀다. 영화 「봄날은 간다」는 복수영화이다. 알렉상드르 뒤마의 소설 「몽테크리스토 백작」의 에드몽 단테스가 죽음의 섬 감옥에 갇힌 것처럼 상우는 지금 처절하게 바닥을 친다. 남은 것은 복수뿐이다.

그래도 은수와 선글라스의 남자 사이에서 벌어진 성적 관계를 자동차 장면으로 은유적으로 처리해 준 것은 미덕이다. 만일 그 장면이 조금이라도 보여졌다면 관객은 마지막 장면에서 은수의 등에 칼을 꽂았을 것이다. 유지태와 이영애의 비교적 주소가 분명한 연기들이 외부로부터의 미묘한 간섭에 의해 놀랍게도 엉뚱한 효과를 낸다. 영화를 본 연인들이 서로 소통의 부재를 절감하고 영화가 끝났을 때 차 한 잔 놓고 대화를 시작하는 것이 아니라 서로의 등에 칼을 꽂는다. 이 영화를 본 커플은 깨진다는 소문이 나올 수밖에 없다.

26) 어떻게 사랑이 변하니

다음 날 은수와 상우는 버스 정류장에 서 있다. 상우는 어젯밤 취해서 무슨 실수를 저지르지는 않았는지 은수에게 사과한다. 은수와 상우의 뒷모습. 가까운, 그러나 두 사람 사이의 바다만큼 먼…… 조금 후에 은수와 상우의 헤어지자는 대화 때에도 두 사람 사이에 바다가 들어온다.

지금 은수는 양산을 들고 서 있다. 이 땅의 여성들에게 문화사적으로 허용된 최초의 자신만의 공간. 어쩌면 그것을 위해 은수는 이혼을 했고, 지금 관객의 분노를 온 몸으로 받고 있다. 상우가 바래다주겠다고 하지만 은수는 버스를 탄다. 그리고 버스에서 내려 상우에게 돌아온다. 복수 영화의 치밀

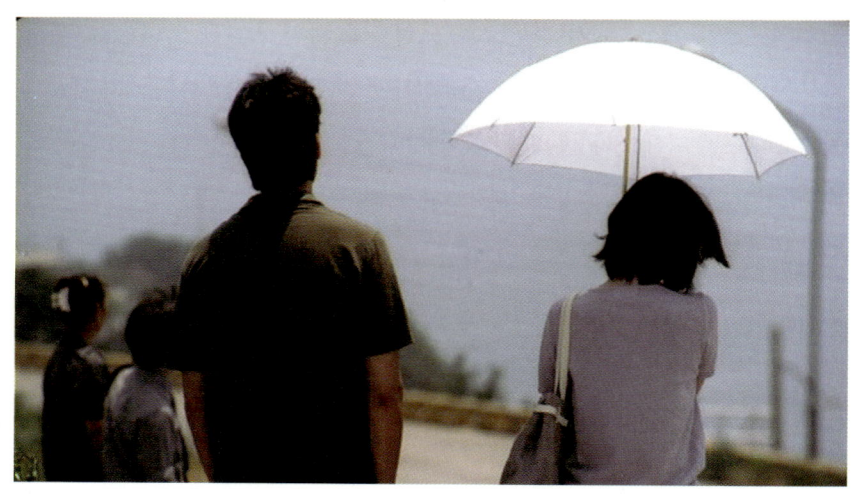

한 구성. 관객은 은수에게 마지막으로 기회를 준다. 은수가 그 기회를 저버리면 이제 남은 것은 처절하고 굴욕적인 복수뿐이 없다.

"우리 헤어지자."

이것이 은수가 한 말이다. 헤프고 잔인한 악녀. 반면에 상우는 너무 착하고 예쁘다.

"내가 잘 할게."

"어떻게 사랑이 변하니?"

"내가 잘 할게"는 이 땅의 여자들이 얼마나 자주 들었던 말이었을까. "어떻게 사랑이 변하니?" 이런 말을 한 번 이혼했던 여자에게 이렇게 말끔한 표정으로 할 수 있는가.

이 장면의 가장 큰 문제점은 무엇보다도 카메라가 두 연기자를 잡고 있는 방식이다. 유지태를 잡는 카메라의 각도는 기가 막히다. 필자가 종종 '유지태 각도'라고 부르는 각도이다. 유지태가 가장 순수하고 소년처럼 보이는

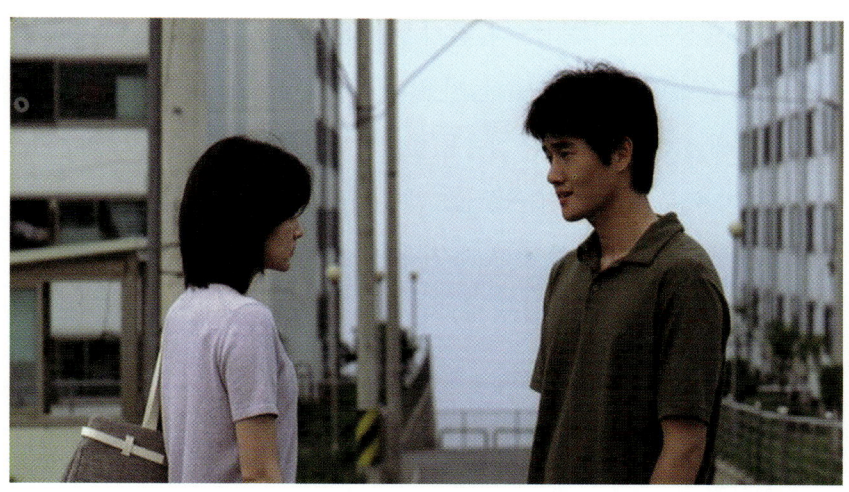

각도. 버스에서 내려 양산을 무기처럼 굳세게 손에 쥐고 은수가 상우에게 걸어와 말을 건넬 때에는 은수가 오른쪽 상우가 왼쪽이었다. 그러다가 이 헤어지자는 대화가 시작하고 카메라가 갑자기 좌, 우를 바꾼다. 처음부터 끝까지 카메라는 '유지태 각도'를 유지한다. 반면에 '이영애 각도'. 이영애 가 가장 침침해 보이고 우중충해 보이는 각도. 카메라에 감정이 개입해 잡 는 각도는 두 연기자가 아무리 최선을 다 해 연기해도 연기자의 연기가 제 주소를 찾아가기 어렵게 만든다.

은수가 단호하게 말한다.

"헤어져."

상우가 고개도 숙이고 웃기도 하다가 해맑은 표정을 짓는다.

"그래, 헤어지자."

상우 예쁘게 은수 손을 잡는다. 그리고 화면 밖으로 사라진다. 이제 화면 에는 은수만이 남아 있다. 그리고 텅 빈 바다. 그러나 관객의 시선은 화면 밖으로 사라진 상우를 계속 쫓는다. 혼자 남은 은수 깊고 긴 한숨을 쉰다. 그러나 아무도 은수의 한숨 소리를 듣지 않는다. 아무리 누군가의 도움이 절실해도 은수의 시선이 사라지는 상우를 쫓지는 않는다.

연기자가 외부의 힘에 휘둘려서는 안 된다. 이영애는 자신의 한숨소리가 관객에게 들리게끔 싸워야 한다. 유지태는 자신의 순수함이 얼마나 자기중심적인지 관객에게 드러나게끔 싸워야 한다. 그래야만 연기 예술이 예술로서 살아남는다. 유감스럽게도 이 장면에서 두 연기자의 상세감각적 연기는 뛰어났지만, 그래도 이 장면은 「봄날은 간다」에서 가장 문제적인 장면 중의 하나가 되었다.

시나리오에서 상우가 묻는다.

"너 나 사랑하니?"

"그냥 친구로 지내면 안 될까?"

"나 사랑하냐구."

"아닌 것 같애."

은수가 미안하다 하니까 상우가 말한다.

"미안하단 얘기 참 듣기 싫었어. 그 얘기 이제 안 듣겠네."

사실 상우가 사랑이라고 생각하는 것이 사랑인지 집착인지도 잘 모르겠다. 이제 은수는 사랑이 무엇인지 자신이 없을 것이고, 우리 중 누군들 자신이 있을 것인가. 좀 더 중요한 건 상우에게 친구를 제안한 은수의 마음이다. 사랑이 결혼이라는 제도를 통해 집착이 되는 것보다 친구 관계로의 전개도 가능할 듯싶은데, 상우는 사랑말고는 아무 것도 관심이 없다. 여전히 소통이 문제이다.

27) 상우, 은수의 작은 차를 닦다

은수와 헤어지고 난 후 상우의 힘든 시간들이 계속된다. 할머니를 모시러 역으로 가서도 자기 사정에 북받쳐서 운다. 할머니가 우는 상우의 입에 사탕을 하나 넣어준다. 친구가 술이나 한 잔 하자 해도 술 취하면 은수가 자길 기다릴 것 같아 술도 못 마신다. 핸드폰을 갖고 몸살을 하다가 감정을 억제하지도 못 한다. 은수 집 앞에 차를 몰고 가 은수의 창을 올려다본다. 은수는 샤워를 하고 선글라스의 남자와 내일의 스케줄을 짠다. 상우는 차 안에서 잠이 든다.

상우가 역에서 할머니를 모시고 올 때 할머니를 자전거에 태우고 온다. 의심할 여지없이 상우는 착한 남자이다. 그렇지만 상우의 자전거에 앉아 있는 할머니는 오로지 상우에게 의존되어 불편하게 앉아 있다. 한 순간 상우가 자기감정에 부대끼며 자전거를 거칠게 끌자, 할머니 불안해하신다. 반면에 현대 여성인 은수는 지금 작은 차를 샀다. 아직 뒤 차창에 초보운전이 붙어있기는 하지만. 은수 기질로는 큰 차를 바랐을 것이다. 그러나 사정이 그러니 할 수 없다.

은수는 차 안에서 밤을 새우다 잠깐 잠이든 상우를 본다.

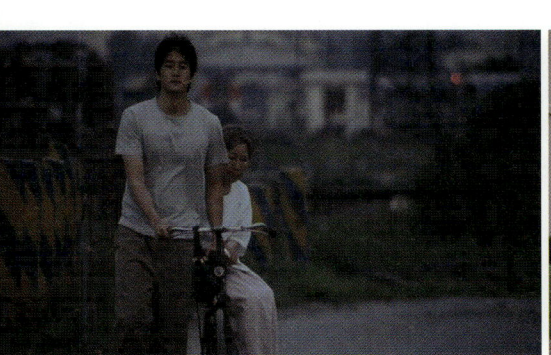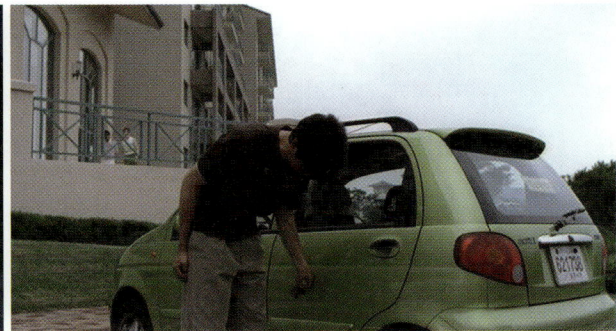

"여기서 뭐 하는 거야?"

"보고 싶어서 왔어."

은수는 상우를 무시하고 자신의 차를 몰고 선글라스의 남자를 만나러 콘도로 간다. 선글라스의 남자와 후배, 그리고 그 후배의 부인? 여자 친구? 왠지 느낌이 상큼하지는 않다.

드디어 또 하나 문제의 장면. 바로 상우가 주차되어 있는 은수의 차를 자신의 차 키로 긁는 장면. 차 긁는 소리만큼 힘든 장면이다. 여기야말로 진정으로 상우가 바닥을 치는 장면이다. 은수의 작은 차는 옛날로 치면 여인들의 양산이다. 자신을 위한 자신의 공간. 그런데 상우는 은수의 그 독립적인 공간을 받아들이기가 이렇게나 힘든 것이다.

여기가 하나의 지점이다. 이 땅에 살고 있는 대부분의 남자들의 내면의 모습을 은유적으로 그려낸다. 상우는 몸 전체로 필사적으로 긁는다. 집착과 죄의식과 질투와 분노가 복잡하게 얽혀 꼬여 있는 자리. 앞 장면에 힘든 시간 중에 상우가 역기를 들고 힘을 기르는 모습이 있다. 역에서 아이처럼 울고 난 다음이다. 외면적인 남성적 힘. 역기를 올려놓고 상우가 내쉬는 짧은 한숨. 그러나 상우는 자신의 내면의 힘을 놓치고 있다.

은수와 선글라스의 남자가 콘도에서 나오다가 그러고 있는 상우를 본다. 뛰어오는 은수. 뒤로 빠지는 선글라스의 남자. 선글라스의 남자가 은수를 어떻게 생각하는지 짐작할 수 있다. 관객은 짧은 순간 이 땅에 사는 남자들의 독선적이면서도 비겁한 두 얼굴을 본다. 그러나 그 경험은 은수의 할 말을 잃은 한숨과 함께 그대로 묻혀 버린다. 누르고 있던 한숨을 토해낸 상우는 석양에 차를 몰고 오면서 또…… 운다.

시나리오에서는 은수가 하이빔을 쏘면서 도망가는 상우를 따라간다. 상우는 전속력으로 도망간다.

28)할머니 양산을 받쳐 들고 길을 떠나시다

가을을 재촉하는 비가 내리더니 눈이 오고 다시 봄이 왔다. 봄이 왔는데도, 세월이 이만큼 흘렀는데도 상우는 아직 힘들다. 마루에 앉아 시름에 잠겨 있다. 상우 옆에 앉은 할머니가 상우를 위로한다. 상우 응석부리듯이 울면서 어린 아이처럼 발가락을 움직인다.

"힘들지? 버스하고 여자는 떠나면 잡는 게 아니란다."

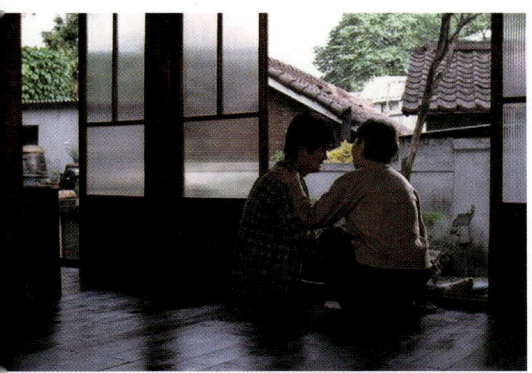

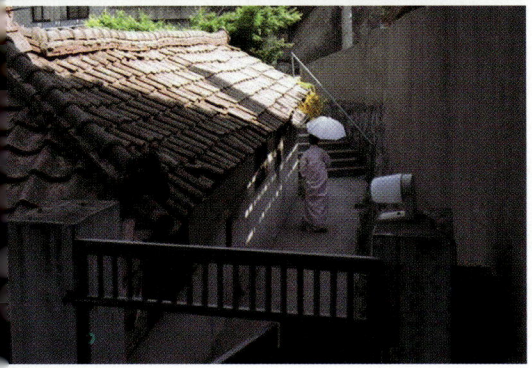

상우 드디어 할머니 품에서 엉엉 운다. 치매 할머니의 지혜가 돌아왔다. 이제 할머니는 할아버지에 대한 집착을 놓는다. 그리고 연분홍빛 고운 한복과 하얀 양산을 쓰시고 개나리가 화창한 골목길을 벗어나 멀리 길을 떠나신다. 하얀 양산. 할머니의 봄날. 할머니는 그렇게 돌아가신다. 「8월의 크리스마스」에서 보여준 허진호 감독의 진면목이 드러난다.

시나리오에서는 할머니의 죽음 후에 상우가 보리밭 한가운데에서 바람소리를 딴다. 사랑의 무상성, 할아버지에 대한 집착을 놓은 할머니의 죽음, 그리고 보리밭을 스치는 포근한 바람소리. 자연스럽고 여운이 있는 장면. 그러나 앞에서도 말한 것처럼 영화에서 보리밭 소리 따는 장면의 위치가 바뀐다. 갑자기 영화의 성격이 변한다. 도대체 무슨 일이 일어난 것일까?

시나리오에서 할머니가 돌아가신 후 상우가 마루에 앉아 담담하고 평온하게 볕을 쬐는 장면이 있다. 상우는 눈을 감았다가 마치 꿈에서 깨어난 듯싶은 표정을 짓는다. 그리고 보리밭에서 소리를 딴다. 그 대신 영화에서는 그 자리에 댓돌에 놓인 할머니의 고무신 장면이 있다. 밖을 향해 놓여 있던 할머니의 고무신을 상우가 미소 지으며 소중하게 그 고무신이 집안 쪽을 향하게 다시 돌려놓는 장면이다. 삶의 무상성 속에서 그래도 항상 변함없이 존재하는 그 무엇. 그것이 보리밭을 스치는 바람소리이든 할머니의 고무신이든 지금 상우는 꿈에서 깨어나 삶의 본질을 본다. 그러나 앞에서도 되풀이해서 말한 것처럼 은수의 전화와 함께 갑자기 영화의 성격이 변한다. 도대체 무슨 일이 일어난 것일까?

29) 은수, 다시 상우가 그립다

시나리오에서는 상우가 할머니가 돌아가신 소식을 작은 할머니에게 전하는 장면이 있다. 그때 작은 할머니가 말한다.

"할아버지랑 많이 닮았어요."

상우가 이 땅의 할아버지들과 닮았다면 은수는 이 땅의 할머니들과 닮았다.

이미 영화의 앞부분에서 은수가 할머니들을 좋아한다는 이야기가 있다. 상우가 피 멈추게 하는 법을 가르쳐 주면서 할머니에게서 배웠다고 하니까 은수가 부러워했었다. 할머니와 같이 사는 상우를 은수가 부러워 한 구체적

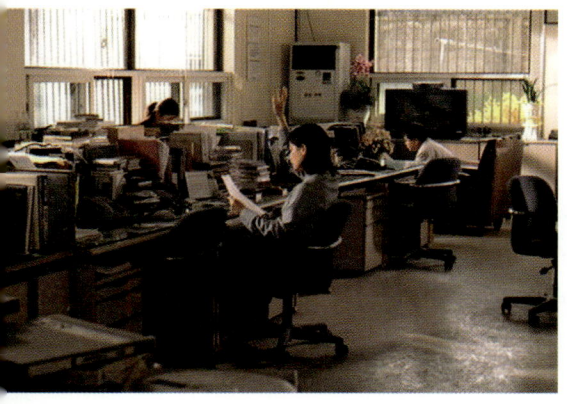

인 이유를 알 수는 없다. 그러나 그것은 이 땅의 할머니들에게서 은수로 이어지는 어떤 생명의 흐름 같은 것으로 짐작한다. 할머니하면 느껴지는 어떤 생명심. 그리고 할머니의 양산과 은수의 양산.

오랜만에 은수가 상우에게 연락을 한다. 은수가 상우에게 연락을 한 직접적인 이유는 종이에 손을 베었기 때문이다. 상우가 영화 앞 부분에서 가르쳐준 대로 피를 멈추게 하던 은수가 갑자기 상우 생각이 난 것이다. "잘 있었어요?"라고 물으며 손을 흔드는 것 같은 피 멈추는 방법. 사실 은수가 갑자기 상우 할머니 생각이 났을 수도 있다. 어떤 이유때문인지 은수가 할머니의 따뜻함이 그리워졌는지도 모른다. 그래서 치매에 좋다는 화분을 사들고 상우를 만나러 온 것이다.

은수로서는 용기가 필요한 결심이었다. 은수 결심의 배경에 대가족 제도로서의 결혼까지 거론할 필요는 없겠지만, 방송국에서 은수의 여건으로 미루어 은수 삶의 캐리어에 큰 변동이 있었던 것 같지는 않다. 선글라스의 남자와의 관계도 진작에 정리가 되었을 것이다. 그리고 은수는 아마 다시 외로울 것이다.

상우가 은수에게 너무 부담스러워졌을 때 은수는 냉정하게 이별을 선언했다. 솔직히 은수가 다시 상우를 만나려는 마음을 낸 것이 좀 석연치 않다. 은수가 이별을 선언한 것은 이해할 수 있다. 은수의 캐리어에 대한 욕망을 자극하는 새로운 남자가 등장한 반면, 결혼을 서두르는 상우의 가정 사정이 은수에게는 여의치 않았기 때문이다. 치매 시할머니, 30여년 혼자 살고 계시는 시아버지, 시집 안 간(?) 고모, 정신적으로 아직 어리고 경제적으로 아직 열악한 상우 등등. 거기에다 무엇보다도 두 사람의 소통이 한계에 부딪쳤었다.

이제 어쩌면 은수의 캐리어가 원점으로 돌아왔고, 나이는 자꾸 들어가고, 외롭고, 할머니의 따뜻함이 그립고, 아니면 그냥 하룻밤의 정사 등등의 이유를 생각해볼 수도 있겠지만, 사랑의 무상함에 대한 은수의 불안이 어느 정도 그 무상함 자체를 껴안는 쪽으로 전개되었을 수도 있다. 이것이 성장이라면 성장이다. 은수의 경우 성장보다는 성숙이 더 적당한 표현일 테지만.

그래, 은수는 그 동안 더 성숙해졌다. 그렇다면 상우는? 은수가 오랜만에 상우를 만나 던진 첫 번째 말이 바로 그 대답인가?

"하나도 안 변했네."

되풀이해서 계속 궁금하다. 도대체 무슨 일이 벌어진 것일까?

30) 은수, 마지막으로 상우의 손을 잡다

한 마디로 은수의 이별 선언이 상우로서는 견디기 어려운 아픔이었을 것이다. 한 명의 관객으로서 필자도 그 아픔을 너무 잘 이해할 수 있다. 이제 겨우 그 상처로부터 회복되어 갈 때 은수가 상우에게 만나자는 전갈을 보낸다. 어느 지점에서부터 「봄날은 간다」의 구성적 맥락으로 보면 이유는 하나뿐이다. 이제 복수 드라마가 그 정점으로 치달아 가는 것이다.

「봄날은 간다」를 통틀어 가장 잔인한 대사는? 그것은 침묵의 대사이다. 그냥 침묵. 물론 시나리오에서 은수의 침묵도 잔인했지만, 영화에서 상우의

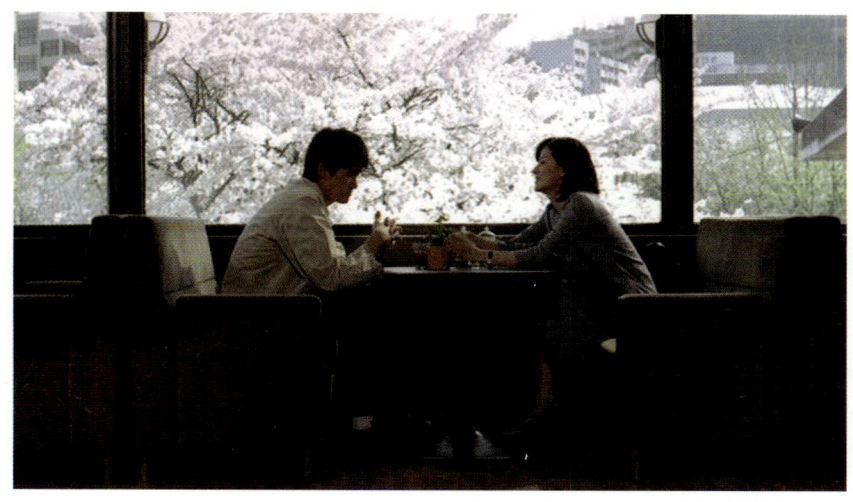

침묵은 괴롭다.

그 장면이 떠오르는가? 벚꽃이 흐드러진 카페의 창가에서 은수가 상우를 만나 화분을 전하며 말한다.

"이거 할머니 갖다 드려. 이런 거 키우는 게 좋대. 물두 주구."

상우 아무 말이 없이 화분을 받는다. 왜 상우는 아무 말이 없는 것일까? 할머니 돌아가셨다는 말을 하기가 그렇게 힘든가? 은수가 할머니의 죽음에 책임이 있는가? 사실 우리는 은수가 상우 할머니를 어떻게 생각하고 있는지 알 수가 없다. 단지 어떤 이유로 치매 할머니들 전반에 은수가 관심을 갖고 있다는 것을 알 뿐이다. 무엇보다도 작품에 일종의 소주제처럼 내포되어 있는 이 땅에서 살아남아야 했던 여성으로서 양산 든 할머니와 양산 든 은수의 일체감을 무시할 수 없다.

이 모든 것에 대한 대답은 죄와 벌. 한 마디로 '복수'이다. 선글라스의 남자. 그것뿐이다. 그리고 그 복수극에 관객까지 기꺼이 동참한다. 사랑의 무상함과 그 집착으로부터 자유로움과 그리고 그런 배경에서 소통의 중요성을 이야기하는 「봄날은 간다」는 이제 치밀하게 짜여진 복수극이 되었다. 그런 맥락에서 봄날에 흐드러진 벚꽃만큼 완벽하다.

은수가 상우의 눈치를 살피며 화분을 건네기 전 묻는다.

"기억나?"

"뭐가?"

은수가 어색하게 웃으며 얼버무린다.

"그냥."

은수가 물은 것은 무엇이었을까? 은수가 팔을 뻗으며 몸을 상우 쪽으로 가깝게 가져갔을 때 상우는 방어하듯이 손의 마디를 낀다. 은수가 물은 기억은 무엇이었을까? 이 땅의 모든 할아버지들에 대한 기억? 이 땅의 모든 봄날들에 대한 기억? 그런데 누구의 봄날?

사실 상우는 할머니의 죽음을 은수에게 전해야 했다. 그 침묵은 어떤 이유로도 용납되지 않는다. 연기자 유지태는 어떤 외부의 간섭에서도 할머니의 죽음을 은수에게 전해야 했다. 2009년 3월 「경기신문」의 이동훈 기자가 「봄날은 간다」에 대해 쓴 기사가 있는데, 그 기사에 보면 유지태가 애드립으로 그 대사를 한 모양이다.

"할머니 돌아가셨어."

이동훈 기자는 이렇게 말한다.

"상우역을 맡은 유지태가 애드립으로 한 말이어서 DVD에서는 대사가 삭제돼 개인적으로 아쉬웠다."

이동훈 기자에 의하면 그 대사는 이젠 더 이상 두 사람 사이에 사랑은 존재하지 않는다는 것을 의미한다. 이동훈 기자의 해석과는 상관없이 만일 유지태의 애드립이 사실이라면 그의 예술혼에 경의를 표한다.

시나리오에서 은수가 상우에게 묻는다.

"참 날씨 좋다. 오늘 같이 있을까?"

상우가 대답이 없다.

"그래 그럼. 괜찮아. 나 갈게."

"데려다 줄게."

"아냐 됐어. 나 혼자 갈게."

벚꽃 같이 화사하면서 목련 같이 담백하다. 두 사람의 관계가 처음과 같을 수는 없다. 앞으로 영영 서로 다시 못 볼 수도 있다. 바람직하다고 말 할 수는 없어도 이해한다. 이런 맥락에서 상우의 한 마디 대사는 눈부시게 빛난다. "데려다 줄게." 이 대사가 영화에서는 어디로 간 것일까? 왜 허진호 감독은 유지태라는 연기자로 하여금 눈부신 연기를 할 수 있는 기회를 뺏어가 버린 것일까? 만일 그가 아니라면 누가?

영화에서 이어지는 장면은 뭐라고 해야 할까. 가슴이 아프다. 아직 어린 상우와 이미 훌쩍 성숙해져버린 은수. 「봄날은 간다」는 상우의 성장 영화라기보다는 은수의 성장 영화인가. 「봄날은 간다」는 우리 시대의 가슴 아픈 리얼리즘인가.

벚꽃이 흐드러진 길을 상우가 화분을 아무렇게나 한 손에 들고 휘적휘적 앞장서서 걷는다. 은수가 뒤에 처져 따라오다 종종거리며 뛰어와 팔짱을 낀다. 이 땅의 할아버지들과 아버지들의 기억?

"우리 같이 있을까?"

상우 팔짱 낀 은수의 손을 무색하게 내려다본다. 상우의 차가운 시선이 이렇게 말한다.

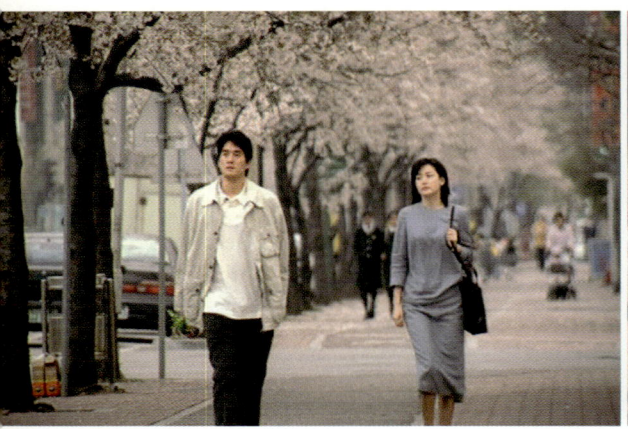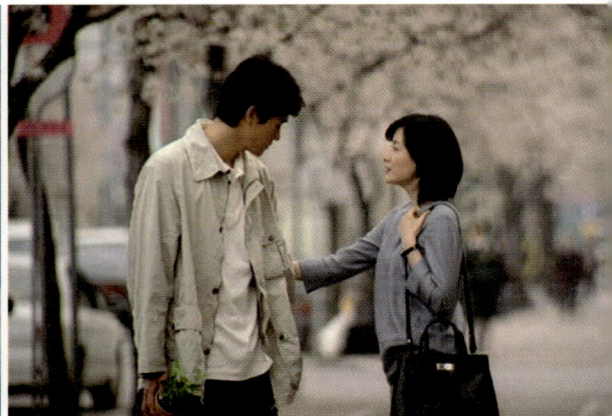

"이 손 좀 못 놔?"

은수 굴하지 않는다.

"응?"

상우 팔을 빼서 팔짱을 푼다. 당황한 은수 웃으며 묻는다.

"아니 왜?"

은수 머리를 만지며 상우의 눈을 찾는다. 상우 아무런 대답 없이 은수가 할머니 드리라던 화분을 은수의 코앞에 들이민다. 은수 화분을 보며 한숨을 쉬더니 고개를 끄떡인다. 상우 조용히 말한다.

"나 갈게."

은수 대답한다.

"응, 잘 가."

상우 몸을 돌려 가버린다. 은수 상우를 부르며 다시 쫓아온다. 그리고 상우의 옷을 여며주더니 손을 내밀어 악수를 청한다. 상우의 손을 놓고 은수 온 길로 돌아간다. 상우 그 자리에 한참 서 있다. 은수 가다가 멈춰서 상우를

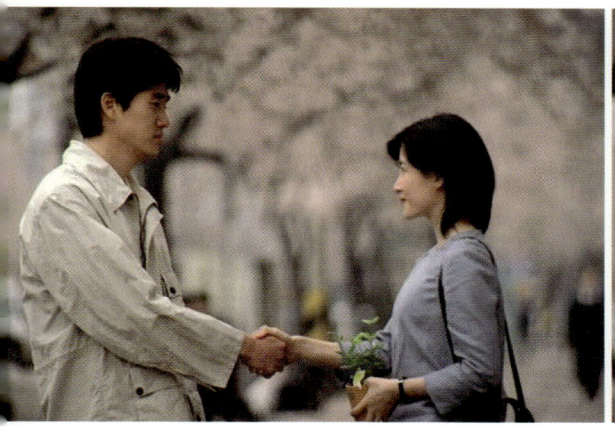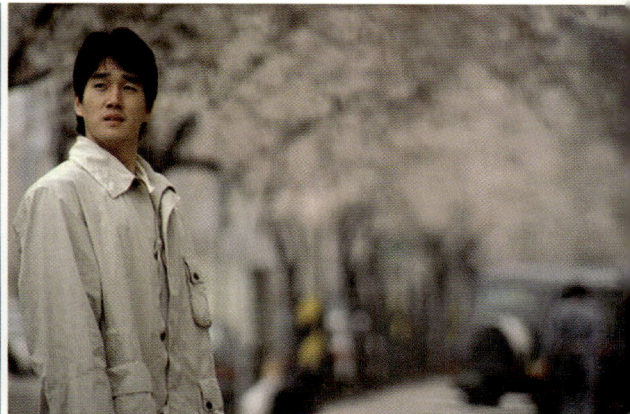

바라본다. 한참 보다가 다시 걷기 시작한다. 상우 한숨을 한번 쉬더니 고개를 돌려 은수 가는 쪽을 바라본다. 그 순간 은수 고개를 돌린다. 두 사람의 눈이 마주친다. 상우 손을 든다. 은수 손을 흔든다. 상우 고개를 돌린다. 은수 다시 걷기 시작한다. 상우 고개를 들어 하늘을 보고 주먹 쥔 손을 입에 가져간다. 한참 그러고 있더니 개운해진 얼굴을 관객 쪽으로 돌린다.

얼마나 치밀하게 구성된 복수극인가! 은수가 상우의 손을 잡을 때, 상우와 은수의 눈이 한 순간 마주쳤을 때, 관객은 혹시나 상우가 다시 은수를 껴안을까 봐 마음을 조인다. 누군가의 어떤 작용이 그런 효과를 의도하고 있다. 관객은 마음으로 부르짖는다. 'Kill! Kill!' 상우가 그대로 은수를 보낼 때 관객은 만족한 미소를 짓는다. 은수 죽이기의 복수는 성취되었다.

손을 잡았을 때 은수의 마음, 단념하다가 혹시 하고 고개를 한 번 더 돌린 순간 상우와 눈이 마주 쳤을 때 은수의 마음 따위는 단지 꼬리 아홉 달린 여우가 재주부리는 격이다.

그리고 카메라의 작용. 놀랍게도 벚꽃이 흐드러진 거리에서 은수가 사라질 때 카메라는 초점을 상우에게만 맞춘다. 의도적으로 은수는 초점에서 벗어나 오직 배경으로서만 희미하게 처리된다. 완벽한 은수 죽이기. 은수의 잘못이 그리도 컸던가. 상우가 화면 한 가운데에서 모든 관객의 시선을 집중시킬 때 초점이 흐려진 채 희미하게 사라져가는 은수의 뒷모습을 몇 명의 관객이 눈여겨보았을까. 상우에게 손을 흔들어 보여주고 처음에는 씩씩하게 걸으려 하다가 점점 걸음에 기운이 빠지는 은수. 한 순간 은수 앞에 평소 상우가 타고 다니던 무쏘가 나타나 길을 막는다. 은수의 마음. 연기자 이영애의 절창의 연기. 초점이 흐려져서 아무도 주목하지 않은.

좋다. 연기 미학적 맥락에서 다른 것은 다 넘어가더라도 그래도 한 가지만은 넘어가지지 않는다. 은수가 상우의 팔짱을 낄 때 연기자 유지태는 그런 시선을 연기해서는 절대 안 된다. Never! Never! Never! 그건 너무 비인간적이다. 그것은 외부로부터의 어떤 힘에 굴복한 것이다. 연기 예술적 관점에서 내적으로 자연스럽게 형성된 연기가 아니다. 그런 연기는 '은수 죽이기'만이 아니다. 그것은 동시에 '상우 죽이기'이기도 한 것이다.

상우 집에서 옛날 테이프들을 정리하다가 은수가 흥얼거리는 「사랑의 기쁨」을 듣는다. 상우의 얼굴은 사라지고 테이프가 돌아가는 녹음기만 화면을 채운다. 그리고 상우는 보리밭에 나가 득도한다. 이제 우리는 이 글이 시작하는 처음으로 다시 돌아가면 된다.

3. 나가면서

「봄날은 간다」는 허진호 감독의 두 번째 작품이다. 상세감각적 연기와 주소가 분명한 연기라는 연기 미학적 관점에서 허진혹 감독의 데뷔 작품 「8월의 크리스마스」는 놀라운 성과였다.

시나리오에서 「봄날은 간다」는 사랑의 무상성과 그 집착으로부터의 자유, 그리고 사람과 사람의 관계에서 소통의 문제를 다룬다. 완벽하다 할 수는 없어도 비교적 좋은 시나리오라 할 수 있다. 그런데 그 시나리오가 영화가 되는 과정에서 변화가 일어난다. 「8월의 크리스마스」에서 이어지는 매력적인 주제가 '남자 = 사랑의 영원성을 믿는 순수함 = 좋은 남자 vs 여자 = 사랑의 무상성에 흔들리는 헤픔 = 나쁜 여자'라는 지독한 이분법으로 변질되고 마는 것이다.

이럴 때 연기 예술이 시련에 부딪힌다. 지금까지 얼마나 많은 연기자들이 매력적인 시나리오와 함께 작업하는 중에 이와 비슷한 변질의 아픔을 경험했을 것인가. 몇몇 예외는 있겠지만, 전체적으로 연기자는 감독이나 연출가 또는 PD들 아니면 그 밖에 생각할 수 있는 모든 권력들에 의해 휘둘린다. 물론 그 권력이 연기자들에게 적극적이고 긍정적으로 작용할 수도 있다. 필자는 「8월의 크리스마스」에서 연기자 심은하가 허진호 감독을 만난 것은 행운이었다고 생각한다. 연기자 전도연이 대중가극 「눈물의 여왕」에서 연출가 이윤택을 만난 것도 같은 맥락에서 이야기될 수 있다.

그렇지만 「봄날은 간다」는 참으로 아쉽다. 좋은 연기자들의 상세감각적 연기와 비교적 주소가 분명한 연기들이 결과적으로 연기 미학적 맥락과는 무관한 외적 간섭으로 말미암아 작품으로서 그 정체성을 놓친 경우가 되고 말았으니 말이다. '정체성을 놓쳤다'는 표현보다도 차라리 '독이 되었다'라는 표현이 어떨까. 생명을 의도한 작품이 독이 된 것이다.

　　이제 연기는 연기 예술이다. '예술'이라는 말은 아무 데나 붙일 수 있고, 또 붙이면 듣기도 좋은 말이지만 그 말에는 책임이 따른다. 지금까지 여러 번 되풀이해 왔지만 영화 「봄날은 간다」와 감독 허진호를 사랑하는 관객의 입장에서 그래도 다시 한번 더 방점을 찍는다. 연기가 연기 예술이기 위해서 필요하면 연기자는 감독이든 연출가든 PD든, 아니면 그 밖의 생각할 수 있는 모든 권력들과도 싸워야 한다. 이것이 현실을 무시한 발언이라는 것을 필자도 잘 안다. 그러나 예술은 무엇보다도 가치 지향의 정신이다. 거의 전적으로 현실과 타협해 가야겠지만, 그래도 연기라는 지평에 예술이라는 북극성을 띄우고 어디까지인지는 모르지만 갈 수 있는 데까지 가보는 정신. 그것이 연기를 연기 예술로 진화시킨다. 어쩌면 「봄날은 간다」 이후 허진호 감독의 모든 영화들에 예술적 동료로서 연기자들의 작용이 절실히 필요했었는지도 모른다. 허진호 감독을 만나보지는 못했다. 그저 필자의 개인적인 느낌이다.

　　「봄날은 간다」에서 연기자 이영애는 눈부셨다. 그 눈부심이 오히려 이영애에게 칼이 되어 날라 오기는 했지만. 여러 해 전에 필자가 「봄날은 간다」를 보고 느낀 문제점을 글로 쓴 적이 있다. 「홀로 서는 여성들과 홀로 남은 남성들 그리고 처용의 장엄한 망가짐에 대해」란 제목의 그 글은 논문의 외관을 띠고 있는데, 필자의 『대중예술과 미학』(2006, 도서출판 일빛)에 실려 있다. 그 글에서 필자는 1985년에 출판된 박완서의 소설 『서있는 여자』의 마지막 부분을 인용했다. 박완서가 '나의 사랑하는 주인공 연지'라고 부르는 여인이 드디어 남편으로부터 홀로 서서 창밖을 내다보는 장면이다.

> "나의 고독은 순수하고 감미롭다. 사랑조차도 들이고 싶지 않을 만큼. 나의 고독이 적어도 지금보다는 덜 감미로와져야 새로운 사랑을 꿈꾸기라도 할 것 같다…… 그녀는 잠자리에 들기 전에 늘 하던 버릇으로 창문을 활짝 열었다. 순간 소름이 끼치게 시린 밤 공기가 밀려 들어왔다…… 그녀는 시린 공기에 씻긴 맑은 정신으로 멀고 가까운 아파트의 불빛을 한동안 바라보았다. 그녀의 강한 시선을 받고 문득 건물의 경직된 선이 생동하기 시작했다. 그녀는 그 속에서 숨 쉬는 사람들에게 따뜻하고 간절한 유대감을 느꼈다. 그녀는 가볍게 몸서리를 치고 나서 창문을 닫았다. 따뜻한 유대감은 곧 편안한 졸음으로 이어졌다."

문제는 아침에 눈을 뜬 연지를 기다릴 세상이다. 박완서가 책 말미에 붙인 '책 끝머리에 붙여'라는 글이 이 문제에 대한 현실 파악인 셈인데, "결혼이란 제도는 꼭 있어야 하는 걸까?"로 시작하는 이 글에서 박완서는 「떠도는 결혼」이란 제목으로 이 소설을 「주부생활」에 연재할 때 「주부생활」 독자가 얼마나 보수적인가를 통감해야 했다고 고백한다.

긍정적인 작업장의 분위기에서 연기 미학적으로 가능했다면 적어도 상당 부분 여성 관객들이 이영애의 은수에게 공감할 수 있었을 것이지만, 그래도 해결해야 할 현실은 있다. 「봄날은 간다」에서 이영애가 공들여 연기한 은수의 잦은 한숨 소리를, 그리고 그 절실함을 관객이 듣기 위해서 허진호는 새로운 시나리오에 도전할 필요가 있다. 그 성과를 기대해 본다.

연기자 유지태가 분한 상우도 좋았다. 마치 이 땅의 평균적 남자가 거울 속에 비친 자신의 모습을 보는 것과도 같았다. 평범함과 순수함이라기보다는 순진함이 어우러져 관객의 감정이입을 효과적으로 끌어냈다. 문제는 그 효과 저 편에 있었다. 이 땅의 남자들 내면에 뿌리 깊게 자리 잡고 있는 어떤 집착. 「봄날은 간다」의 유지태는 곧 「해피엔드」의 최민식인 것이다.

사실 이 집착은 셰익스피어의 「오델로」에서부터 21세기 지금까지도 보편적이다. 어느 해인가 필자가 대략적으로 꼽기만 했는데도 그 해 우리나라에서 가장 많이 공연된 작품이 다양한 버전의 「오델로」였다. 물론 이 집착은 셰익스피어 훨씬 전으로도 거슬러 올라간다.

대략 기원전 100년 경 카리톤Chariton이 쓴 것으로 추정되는 「카에레아스와 칼리로에Chaereas and Callirhoe」라는 이야기가 있다. 보통 헬레니즘 소설이라 한다. 카에레아스라는 남자와 칼리로에라는 여자가 사랑을 하고 결혼을 했을 때 그 둘 사이를 훼방 놓으려고 다에몬Daemon이라는 말썽꾸러기 신이 등장하는데, 그가 쓴 수법이 바로 카에레아스의 눈에 부정을 저지르는 부인의 환영을 보여주는 것이었다. 그 헛것에 사로잡힌 카에레아스는 칼리로에의 아랫배를 걷어차 죽여 버린다. 물론 진짜 죽은 것은 아니었지만, 그래도 그렇게 사랑했던 우리였는데 말이다.

그 숱한 세월 동안 남성들은 자신과 관계한 여인이 다른 남정네와 사랑을 나누는 이미지의 환영에 시달려 왔다. 복거일의 「비명을 찾아서」란 소설이든, 허영만의 「한강」이라는 만화든, 주인공 남자로 하여금 무언가 일상과는 차원이 다른 결심을 실천하게 하는 직접적인 동기는 현실이든 오해든, 자기와 직접적으로 관련이 있는 여인이 다른 남자와 나누는 정사의 장면이었다.

우편엽서

우편요금
수취인 후납

발송유효기간
2009.6.30~2011.6.30

마포우체국 승인
제40556호

자르는 선

보내는 사람

□□□ - □□□

도서출판 **이르빛**

서울시 마포구 서교동 339-4(2층)

ilbit@naver.com

1 2 1 - 8 3 7

좋은 책은 독자와 함께 만듭니다. 엽서를 보내주시면 일빛의 독자회원으로 모시겠습니다.
회원님들께는 일빛의 신간보도자료를 우선적으로 발송해드리며
일빛 블로그(http://blog.naver.com/ilbit)에 서평을 올려주신 분 중 선정을 통해
일빛의 신간 1부를 증정해드립니다.

.... �֍ ....

■ 구입한 책 제목

■ 구입한 서점
  □ 온라인 서점 (   ) □ 오프라인 서점 (   )

■ 구입한 날짜   년   월   일

■ 구입한 동기 (해당 란에 ∨표시)
  □ 신간안내나 서평을 보고 [에 실린글]
  □ 서점에서 우연히 눈에 띄어서
  □ 주위의 권유 [로부터]
  □ 선물로 받음 [에게서]

■ 구입하신 책에 대한 소감이나 도서출판 일빛에 하고 싶은 말씀을 적어주세요.
  (내용 · 제목 · 표지 · 책값 등)

■ 독자님께서 관심 있는 책의 분야는 무엇입니까? (해당란에 ∨표시, 복수응답 가능)
  □ 역사   □ 문학   □ 문화예술   □ 사회과학   □ 자연과학
  □ 외국어   □ 실용   □ 아동 · 청소년   □ 경제경영   □ 자기계발

■ 독자 회원란

이름	성별	나이
1. 생년월일		
2. 직업		
3. 연락처	E-mail	
4. 요즘 읽은 책 중 다른 사람에게 권하고 싶은 책		
5. 구독하고 있는 신문 · 잡지		

  • 독자님의 소중한 개인정보는 외부로 유출되지 않도록 철저히 관리하겠습니다.

Ilbit Publishing
LBT
TBI
지른소

심지어 몇 년 전 「세렌디피티Serendipity」(2001)라는 미국의 로맨틱 코미디 영화에서도 남자 주인공이 천생연분으로 믿고 수소문하던 여인이 다른 남자와 정사를 나누는 장면 하나로 그 모든 것을 단념한다. 사실은 그것도 오해였는데 말이다.

영국의 사회학자 앤소니 기든스Anthony Giddens는 「현대 사회의 성, 사랑, 에로티시즘Sexuality, Love and Eroticism in Modern Societies」이라는 책에서 영국의 소설가 줄리앙 반즈Julian Barnes의 『그녀가 나를 만나기 전Before She Met Me』이라는 소설을 부정적인 남녀 관계의 한 징후적인 경우로 다룬다. 이 소설은 어떤 여인을 만나 결혼한 남자가 그 여인이 자기를 만나기 전에 가졌던 남자관계에 집착하기 시작하다가 그 남자들 중의 한 명이 자신의 친구라는 안 순간 관계 전체를 파국으로 몰아가버리는 이야기를 담고 있다.

유지태는 상우에게서 이 맥락을 보았음에 틀림없다. 필자는 그것을 유지태가 시도한 할머니의 죽음에 대한 애드립에서 본다. 근거가 확실치 않은 정보라 해도 필자는 그것을 믿고 싶은 마음이다. 일본의 이마무라 쇼헤이今村昌平 감독의 「우나기うなぎ」(1997)나 그 다음 작품 「붉은 다리 아래 따뜻한 물Warm Water Under A Red Bridge」(2001)이 이런 부정적인 남, 녀 관계에 대한 치열한 도전이라 할 수 있지만 필자가 '홀로 서는 여성들과 홀로 남은 남성들 그리고 처용의 장엄한 망가짐에 대해'를 쓸 때만 해도 아직 우리나라 영화중에서 적절한 예가 떠오르지 않았다. 그때 떠올린 인물이 옹색하게도 영화 「박하사탕」(1999)에서 순임의 남편이었다.

그러나 우리에게는 처용이 있다. 800년대 말경 신라 헌강왕 때의 인물이라는 처용이 역신에 홀린 아내가 범한 불륜의 현장에서 남긴 「처용가」라는 노래는 세계 대중 예술의 역사에서 찬란한 '북극성' 중의 하나이다. 다들 잘 알고 있겠지만 감동의 차원에서 「처용가」의 가사를 다시 적어본다.

> 서울 밝은 달에
> 밤 깊도록 놀고 다니다가
> 들어와 잠자리를 보니
> 다리가 넷이로구나.
> 둘은 내 것이었고
> 둘은 누구의 것인가.
> 본디 내 것이지마는
> 빼앗은 것을 어찌하리.

그리고 2006년 김태용 감독의 영화 「가족의 탄생」이 등장한다. 이제 우리 영화사에 비로소 영화 「봄날은 간다」가 뿌린 독을 해독할 해독제가 확보되었다. 뿐만 아니라 정유미, 봉태규, 문소리, 고두심, 공효진, 김혜옥, 엄태웅 등이 출연한 이 영화는 연기 미학적 맥락에서도 눈부신 성과를 담고 있다. 그 이야기는 다음 기회를 기약하도록 하자.